LOBAS E GRÁVIDAS

GUIA PRÁTICO DE PREPARAÇÃO PARA O PARTO DA MULHER SELVAGEM

Dados Internacionais de Catalogação na Publicação (CIP)
(Câmara Brasileira do Livro, SP, Brasil)

Rodrigues, Lívia Penna Firme
  Lobas e grávidas: guia prático de preparação para o parto da mulher selvagem / Lívia Penna Firme Rodrigues. 2. ed. - São Paulo : Ágora, 2016.

Bibliografia.
ISBN 978-85-7183-652-5

1. Cuidados pré-natais 2. Gravidez 3. Parto natural I. Título.

99-0349

CDD-618.24
NML-WQ 175

Índices para catálogo sistemático:
1. Cuidados pré-natais : Obstetrícia 618.24
2. Gravidez : Preparação para o parto: Obstetrícia 618.24
3. Preparação para o parto natural : Obstetrícia 618.24

www.summus.com.br

Compre em lugar de fotocopiar.
Cada real que você dá por um livro recompensa seus autores
e os convida a produzir mais sobre o tema;
incentiva seus editores a encomendar, traduzir e publicar
outras obras sobre o assunto;
e paga aos livreiros por estocar e levar até você livros
para a sua informação e o seu entretenimento.
Cada real que você dá pela fotocópia não autorizada de um livro
financia o crime
e ajuda a matar a produção intelectual de seu país.

LOBAS E GRÁVIDAS

GUIA PRÁTICO DE PREPARAÇÃO PARA O PARTO DA MULHER SELVAGEM

Lívia Penna Firme Rodrigues

ÁGORA

LOBAS E GRÁVIDAS
Guia prático de preparação para o parto da mulher selvagem
Copyright © 1999 by Lívia Penna Firme Rodrigues
Direitos desta edição reservados por Summus Editorial

Capa: **Renata Buono sobre foto de Bubby Costa**
Ilustrações: **Ulisses Dallombe**
Editoração eletrônica e fotolitos: **JOIN Editoração Eletrônica**
Impressão: **Sumago Gráfica Editorial**

Editora Ágora
Departamento editorial
Rua Itapicuru, 613 – 7º andar
05006-000 – São Paulo – SP
Fone: (11) 3872-3322
Fax: (11) 3872-7476
http://www.editoraagora.com.br
e-mail: agora@editoraagora.com.br

Atendimento ao consumidor
Summus Editorial
Fone: (11) 3865-9890

Vendas por atacado
Fone: (11) 3873-8638
Fax: (11) 3872-7476
e-mail: vendas@summus.com.br

Impresso no Brasil

*Ao querido
Praman,
que despertou a
loba enrustida
dentro de mim.*

*Às mulheres selvagens
da Chapada dos Veadeiros,
lobas natas.*

SUMÁRIO

Prefácio 9

Mulher Selvagem 11

1 Lobas fazem cesárea? Refletindo sobre o parto como um caminho de transformação 13

2 A preparação consciente para a gestação, o parto e o nascimento 17

3 Criando um "espaço sagrado" para a gestação 21

4 Respirando... 25

5 Conhecendo o períneo 31

6 Fazendo amor... 35

7 Massagem: um toque para a deusa grávida 39

8 Exercitando-se... 47

9 Alimentando-se bem... 69

10 O contato com o bebê. 75

11 Seios e aleitamento 79

12 O parto: o ápice da experiência 87

13 Guia de cuidados no pós-parto. 97

Conclusão. 101

Bibliografia recomendada. 105

Músicas indicadas para os exercícios 106

Resumo das recomendações da Organização Mundial de Saúde (OMS-96) sobre humanização do parto 107

PREFÁCIO

O livro de Lívia me fez pensar na importância do estar preparado. Mulheres e homens, selvagens ou urbanos, têm mais chance de proteger suas vidas e seus desejos quando estão preparados. O parto é um processo tão natural que, talvez, nem precisasse disso. Veio o saber médico e, em nome da defesa da vida e da ausência da dor, se apossou do processo. Quem não está preparado, fica à mercê desse saber.

Aconteceu na minha casa. Eu tinha conhecido o médico Fréderick Leboyer em meados dos anos 70 e me encantava escrevendo sobre o parto natural que pregava. Dez anos depois, meu filho nascia na maternidade campeã de cesáreas em São Paulo. Tudo estava pronto para o parto natural quando um ultra-som alertou que o bebê estaria sufocado pelo cordão umbilical. Risco de vida, cesárea urgente. Nunca soube se aquela intervenção médica foi, de fato, necessária.

Como o primeiro nasceu de cesárea, o segundo seguiu o caminho, o terceiro também. Conhecíamos muito pouco de nossos corpos, por isso ficamos à mercê.

Outras reportagens, mais tarde, me ajudaram a entender a razão dessa cultura que transformou o nascer num ato tão médico e mecanicista. Nos hospitais privados, constatei, ainda prevalece um pacto que mistura medo da dor com interesses dos profissionais e da instituição e que termina em cesárea. Na rede pública, ainda vigora um quase desprezo pela gestante. Sozinha, assustada, ela é atendida por profissionais anônimos atrás de máscaras que não dizem o nome nem esboçam um gesto amistoso.

Tanto nos hospitais cinco estrelas como nas maternidades de periferia, a paciente é a última a ser ouvida. No entanto, é ela quem melhor pressente hora, identifica os movimentos, sabe a melhor posição. Ouvi essas regras simples de parteiras tradicionais que "aparam" os mais de trezentos mil bebês que nascem por ano fora dos hospitais.

De mãe para filhas, as parteiras transmitem um ensinamento valioso: para uma mulher em trabalho de parto, o mais precioso é alguém que segure sua mão e que não tenha pressa.

"Quem faz nascer é a mãe mesmo", ouvi de uma das parteiras mais antigas do Amapá.

O livro de Lívia não prega os métodos da floresta, nem dispensa o saber médico e o suporte hospitalar. Defende o parto natural, simplesmente. Contribuição fundamental para um nascimento saudável e feliz.

Aureliano Biancarelli é jornalista da área de saúde

MULHER SELVAGEM

Mulher selvagem é aquela
que confia, ousa e arrisca.
E sabe que seu corpo é capaz
de se transformar, abrir e fechar...

Mulher selvagem é aquela
que é parte da Mãe-Natureza
e com sabedoria deixa fluir
e se entrega aos processos naturais da Terra...

Mulher selvagem é aquela
que ama, cuida e protege
a si mesma e às suas crias.
E como uma loba do mato
uiva, perambula
se aquecendo ao sol
se queixando à lua.
Confiante que em seu ventre
seu filho, uma semente,
germina, cresce e floresce.

Mulher selvagem é aquela
que, no momento certo,
mergulha no seu interior
trazendo para fora o filho
gerado, amado,
fruto do seu amor.

Mulher selvagem é aquela
que acredita nos mistérios da vida
e conta estrelas.

1

LOBAS FAZEM CESÁREA? REFLETINDO SOBRE O PARTO COMO UM CAMINHO DE TRANSFORMAÇÃO

Recentemente li um livro tão interessante que acabei me fazendo a pergunta do título. *Mulheres que correm com os lobos* foi escrito por Clarissa Pinkola Estés, psicóloga, contadora de histórias, que estudou a biologia de alguns animais selvagens, especialmente a do lobo.

A autora observou que lobas saudáveis e mulheres saudáveis têm certas características psíquicas em comum, como percepção aguçada, espírito brincalhão e elevada capacidade de devoção. As lobas e as mulheres são curiosas, dotadas de grande resistência e força, e profundamente intuitivas. Cuidam muito bem do parceiro, dos filhotes e da matilha, possuindo determinação feroz e extrema coragem.

No entanto, segundo Clarissa, as duas espécies foram perseguidas e acossadas. "Foram alvo daqueles que preferiam arrasar as matas virgens bem como os arredores selvagens da psique, erradicando o que fosse instintivo sem deixar que dele restasse nenhum sinal. A atividade predatória contra os lobos e as mulheres por parte daqueles que não os compreendem é de uma semelhança surpreendente."[1]

Fazendo uma analogia à situação do parto no Brasil e no mundo, pode-se afirmar que esta atividade predatória contra a mulher continua. O parto, um momento da vida sexual e afetiva, um

---

1. ESTÉS, C. P. *Mulheres que correm com os lobos*. Rio de Janeiro, Rocco, 1995.

ritual de passagem e de crescimento para o ser humano, de ambos os sexos, tem sido reduzido a uma simples "ação médica" em nossa sociedade contemporânea.

O Brasil, país conhecido pela abundância de recursos naturais, tem sofrido uma das piores ações antiecológicas: apresenta a maior taxa mundial de cesáreas, alcançando índices entre 70 e 90% em alguns hospitais. O parto cirúrgico passou a ser o método "normal" de fazer uma criança vir ao mundo, ocorrendo uma inversão de valores da naturalidade da vida. Este fenômeno permeia a cultura brasileira, pois, ao engravidar, muitas mulheres optam pela cesárea como forma "antidolorosa" de ter filhos, o que não passa de engano e desinformação.

"As cesáreas desnecessárias são as primeiras a causar aumento de mortes maternas, de mortalidade pós-parto e de aumento de incidência de prematuridade e síndrome de angústia respiratória do recém-nascido", concluem estudos realizados nesta área pelo professor Hugo Sabatino.[2] Ou seja, um ato antinatural e antiecológico leva à destruição, à doença e à morte prematura, exatamente como acontece com qualquer parte da natureza quando agredida.

Neste fim de século, quando refletimos sobre os novos paradigmas, a questão do nascimento é básica. Afinal, "para mudar o mundo é preciso, antes, mudar a forma de nascer", segundo o obstetra francês Michel Odent,[3] que conseguiu que em seu hospital as mulheres dessem à luz como antigamente e, por isso, ficou famoso no mundo todo.

O resgate da forma de nascer, da transformação do nascimento, tão essencial e necessário, precisa ser uma iniciativa que emerja do âmago feminino. Isto já vem acontecendo em alguns lugares do mundo onde mulheres como Cris Griscom, Ina May, Janet Balaskas, Sheila Kitzinger têm trabalhado e escrito sobre a gestação e o parto como momentos de iniciação. Muitas outras mulheres, anônimas, têm procurado formas alternativas de ter seus filhos longe das maternidades, em suas próprias casas, sob o cuidado das parteiras tradicionais, mas são ainda minoria. O ideal

---

2. SABATINO, H. "Moderno Método de Preparação Psicológica para Gestantes". *Jornal Brasileiro de Ginecologia*, junho de 1996, v. 106, nº 7.

3. ODENT, M. *Birth reborn*. Londres, Souvenir Press, 1984.

seria que todas as mulheres tivessem oportunidade de viver a gestação e o parto como parte de sua vida afetiva e sexual, dispondo dos recursos médicos quando necessário e, ao mesmo tempo, podendo estar em contato com a natureza verdadeira do ato de dar à luz. A maioria das mulheres anseia encontrar a mulher selvagem dentro de si. Tudo o que as mulheres foram perdendo pelos tempos afora pode ser encontrado em contato com esta mulher escondida dentro de cada uma de nós e que, ao se revelar, trará de volta a intuição e a imaginação.

A gestação, o parto, o aleitamento são momentos em que, se permitirmos, a mulher selvagem aflora naturalmente. Como os lobos, temos o instinto aguçado, e o crescimento do útero nos põe em permanente contato com a vida. Como lobas, amamos e protegemos nossos filhos e somos absolutamente capazes de parir da forma que a natureza nos ensinou.

Para isso, é imprescindível que cada uma de nós realize as mudanças internas necessárias para que ocorram mudanças no mundo, e temos nossos próprios meios de ajudar a realizá-las.

O parto é um caminho de transformação, de amor, de vencer os medos, e de dar à luz uma nova era.

Para ajudar a mulher ou o casal grávido a realizar as transformações que naturalmente ocorrem nesses períodos de suas vidas, apresento este guia prático de preparação para o parto.

Coloco aqui minha experiência pessoal como mãe de cinco filhos, de partos normais, e de preparadora para o parto há quinze anos. Espero poder contribuir para que mais mulheres conheçam a magia da gestação e do nascimento e para que "o normal seja o parto normal".

2

A PREPARAÇÃO CONSCIENTE PARA A GESTAÇÃO, O PARTO E O NASCIMENTO

O processo de gravidez altera fortemente os fatores biológicos, psicológicos e emocionais da mulher. A preparação consciente para a gestação, para o parto e para o nascimento tem por finalidade levar a mulher e o casal a conhecer essas transformações, aprendendo a conviver com elas. Durante o pré-natal convencional a ênfase é dada à fisiologia da gestação, controlando-se as variáveis mais comuns que podem interferir no bem-estar da mãe e da criança e identificando as gestações de alto risco que exigem mais cuidados. Segundo a Organização Mundial de Saúde (OMS), 80% das gestantes são de baixo risco. Este guia de preparação consciente para a gestação, o parto e o nascimento é dirigido para o grupo de mulheres de gravidez de baixo risco, levando-as a compreender estes momentos como parte de sua vida sexual e afetiva a fim de vivenciá-los com harmonia e prazer.

Estar sob os cuidados de uma equipe de profissionais especializada e experiente é importante, porém não suficiente. É importante por tratar-se do pré-natal, em que consultas, exames físicos e laboratoriais são realizados para que qualquer alteração na mãe ou no bebê seja identificada e tratada o mais rápido possível. Não é suficiente porque a preparação mais ampla, que envolve fatores físicos, psíquicos e emocionais, em geral não é abordada no pré-natal convencional. Além da equipe médica, é fundamental que o homem e a mulher assumam a responsabilidade pela qualidade da gestação e do nascimento de seu bebê, influindo de forma definitiva nessa nova vida que está por vir.

Nascer é um ato natural e ecológico. Por estar em seu hábitat natural, vivendo intuitivamente, a maioria das espécies mamíferas nasce sem maiores problemas. Embora os mecanismos do parto do animal mamífero sejam diferentes dos do ser humano (porque o tamanho do cérebro nos animais é menor em relação ao do corpo), existe uma semelhança. Como seres urbanos e humanos, colocamo-nos distantes dessa natureza de bicho a que pertencemos. As mulheres modernas, distantes do seu instinto, são tratadas durante a gestação como "pacientes", ou seja, submetem-se a vários exames e diagnósticos, permanecem nas filas dos consultórios e recebem receitas e remédios. Na hora do parto, a conduta médica continua prevalecendo com rotinas hospitalares rígidas, que acabam inibindo o processo natural e fisiológico, levando a inúmeras cesarianas e a partos induzidos. E o pai permanece isolado desse processo, como se não tivesse nada a ver com isso.

O que se observa é que esta forma de parir tornou-se comum e natural, e as mulheres se submetem silenciosas e submissas, vivendo este momento sem harmonia. A mulher que faz cesárea troca algumas horas de dor por vários dias de dor e desconforto. Os bebês recebidos como "mais um", com indiferença, são rotineiramente colocados nos berçários, longe das mães. Os pais não participam e a equipe de saúde é quase sempre insensível a esta realidade.

O objetivo deste guia é proporcionar a possibilidade de que a mulher, e, se possível, o casal, compartilhe desses momentos de real felicidade em suas vidas. É como redescobrir uma sabedoria inata, que já existe dentro de cada um, precisando apenas ser despertada. Todos nós, homens e mulheres, já tivemos o privilégio de viver no útero de nossas mães e de atravessar o canal do parto ou de sermos retirados por meio de uma cesárea. Essas experiências estão gravadas em nosso inconsciente e nos lembrarmos delas pode significar um verdadeiro renascimento.

O que fazem as parteiras tradicionais, essas mulheres responsáveis por centenas de partos no interior do país, sem nenhuma assistência? Elas aprenderam a aparar bebês com suas mães, que aprenderam com suas avós. É o conhecimento passado de mãe para filha. No fundo, cada um de nós tem este mesmo potencial, inclusive os homens.

Observando os dados de um ambulatório de uma favela, em São Paulo, cujos partos são assistidos por uma parteira, teremos um bom exemplo de como nascer é um ato natural para as mulheres de gestação de baixo risco. "Ali, as complicações e cesáreas somam 3%, as mulheres não são isoladas, não se usam drogas e o índice de episiotomia — corte do períneo para ajudar a saída do bebê — é de 17%. Na rede de hospitais privados, o índice de cesáreas chega a 70% e, na pública, 40%. A episiotomia chega a 100% nos hospitais convencionais quando se trata do primeiro filho."[1]

Lobas e grávidas propõe uma alternativa para o nascimento praticado na maioria das maternidades do país. Como num "despertar", leva os envolvidos a conhecer e desfrutar os prazeres e as alegrias do nascimento.

Segundo Michel Odent,[2] o nascimento é comparado ao ato de fazer amor. Fazer amor devagarinho, com carinho, pesquisando o corpo do parceiro em busca de mais prazer, respirando e sentindo as ondas orgásticas até que se chegue ao ápice — assim deve ser o nascimento.

Devido aos preconceitos, à falta de informações sobre educação sexual e conhecimento do próprio corpo, a maioria das pessoas vive sua sexualidade superficialmente e obedecendo a padrões pre-estabelecidos.

Pesquisas recentes realizadas no Brasil e no exterior confirmam que, ao fazer amor, o tempo dado às preliminares é mínimo, que a ejaculação precoce é comum e que a insatisfação sexual é uma constante para homens e mulheres.

A preparação consciente para o parto aqui abordada leva a mulher e o casal a conhecer e compreender o próprio corpo, ouvindo-o, tratando-o com carinho, respeitando seus limites, resgatando sua intuição e entrando em contato com o instinto e com seu Eu Superior, sua essência.

---

1. *FOLHA DE S. PAULO*, "Renascimento das parteiras", 9 de março de 1997.
2. ODENT, M. *Birth reborn, opus cit.*

Os condicionamentos sexuais relacionados à gestação e ao parto proporcionados pela cultura e pela educação, e que carregamos por séculos, são trazidos à luz para que, compreendidos, possam ser harmonizados no dia-a-dia. As emoções referentes a essas fases serão aqui abordadas e trabalhadas para que a mulher e o casal compreendam o que se passa em seus corações. São medos, dúvidas, alegrias, tristezas, expectativas, um permanente "sobe e desce" entre o prazer e a dor. Do ponto de vista espiritual, pode-se aprender a confiar no mistério, a enfrentar o desconhecido e a cultivar o amor que, mesmo por um instante, esteve presente entre o homem e a mulher, gerando uma nova vida. Pode-se entrar em contato com a força do universo e perceber que, embora atores desse processo, não está em nossas mãos determinar o desfecho final que traz à luz mais um ser a este planeta.

3

CRIANDO UM "ESPAÇO SAGRADO" PARA A GESTAÇÃO

A preparação holística e consciente para o parto envolve quatro aspectos: o físico, o mental, o emocional e o espiritual. O físico refere-se à preparação do corpo, aos exercícios de respiração, à ioga e ao relaxamento, aos cuidados médicos, ao pré-natal e à alimentação.

O mental inclui o conhecimento teórico, a informação necessária sobre gestação, parto e aleitamento que a gestante precisa para estar tranqüila sobre o que acontece com seu corpo. Requer a leitura de livros e revistas especializadas, assistir a vídeos e ouvir palestras sobre estes temas.

Do ponto de vista emocional, durante a gestação, por causa da ação dos hormônios e da mudança de vida e de perspectivas, a mulher torna-se mais sensível. O relacionamento do casal é afetado. O homem "grávido" também fica sujeito às variações emocionais e, nesse período, é importante ter o apoio de um grupo de casais e/ou de mulheres grávidas dirigido por um profissional preparado ou, se necessário, buscar ajuda psicoterapêutica individual. Além disso, a gravidez é um momento propício para o autoconhecimento, trazendo à tona imagens da infância, problemas de relacionamento com os próprios pais, que podem facilitar o trabalho terapêutico, sendo uma ótima oportunidade para "ir fundo" nessas questões que, bem resolvidas, tornarão mais fácil e prazeroso o cotidiano familiar.

O aspecto espiritual refere-se aos mistérios da vida, à fé, à confiança e à entrega para enfrentar o desconhecido. Absolutamente pessoal, é um caminho íntimo de cada um. Durante a gravidez é importante cultivar o lado espiritual, pedindo proteção para este novo ser que está crescendo em seu ventre e à Mãe-Terra, que irá acolhê-lo.

Para que você possa se preparar bem para o parto, é importante trabalhar esses quatro itens sozinha ou em companhia de seu parceiro.

Sugiro que você crie um "espaço sagrado" ou um local em que, diariamente, o casal se dedique às atividades propostas neste guia.

Além das consultas médicas, dos exames especializados e das atividades fora de casa, em contato com a natureza, haverá aquelas, imprescindíveis, que você realizará em seu "espaço sagrado". Ouvir música, fazer e receber massagem, treinar exercícios de respiração, de relaxamento e de contato com o bebê, ler e fazer amor com o seu parceiro — tudo isso pode ser feito nesse local especial. O cuidado com o "espaço sagrado" resultará em novas energias, equilíbrio e bem-estar para você, para seu bebê e para sua família.

Esse canto especial pode ser em seu quarto, na sala ou qualquer outro cômodo. O importante é que seja um ambiente arejado e tranqüilo, no qual você possa ficar sem ser interrompida.

Para criar esse "espaço sagrado", sugiro os seguintes objetos:

- um espelho grande (de corpo inteiro);
- um aparelho de som;
- um edredom de algodão para casal;
- um colchonete para ser colocado embaixo do edredom;
- três almofadas grandes, no mínimo;
- uma estante para livros, revistas, cristais, óleos de massagem, essências aromáticas e incensos;
- um altar, voltado para o leste, com seus objetos de poder.

Em meu altar acendo velas diariamente e, às vezes, mantenho acesa uma vela de sete dias. Uso também incenso indiano e com isso sinto o elemento fogo presente. Tenho um pequeno vaso com flores frescas, cristais e alguns objetos pessoais de poder. Acima, na parede, colei fotos de alguns mestres que reverencio. Tenho um livrinho sobre anjos e todo dia abro e leio aleatoriamente uma de suas páginas. O anjinho escolhido fica lá, aberto, irradiando sua energia...

O altar do seu "espaço sagrado" deve ser criado de forma pessoal. Você pode usar uma mesa, uma caixa baixa ou uma prateleira fixada na parede. Cubra-a com um bonito tecido. Então coloque sobre ele seus objetos de poder, que podem ser encontrados na natureza (uma pedra, um galho, uma semente), ou comprados em lojas de artigos "alternativos", como bolas de cristal, pedras preciosas ou fotos de seus mestres favoritos. As velas, que simbolizam a luz do espírito, devem estar presentes, e os cristais, receptores de energia, também. Estas são apenas algumas sugestões; faça aquilo que lhe faz bem. Se preferir, coloque flores ou fotos de sua família.

Margo Anand, em seu livro *A arte da magia sexual*,[1] diz: "No ponto leste, na direção do espírito, você precisa criar um pequeno altar, que significa sua devoção à autotransformação, seu compromisso em explorar seu eu mais elevado...".

O importante é que você disponha de um local gostoso, que a ajude a restaurar as energias perdidas em seu cotidiano e que lhe inspire a realizar com disciplina as atividades que farão com que você tenha uma gravidez equilibrada e um parto o mais próximo possível daquele que você idealizou.

---

1. ANAND, M. *A arte da magia sexual*. Rio de Janeiro, Campus, 1996.

4

RESPIRANDO

O oxigênio é o primeiro e o mais importante alimento de que o corpo necessita. Respiramos mal e insuficientemente no cotidiano. Observe sua respiração agora e verifique que apenas a parte superior do pulmão está sendo preenchida com ar. Este é um sintoma do homem moderno. Respira-se o mínimo necessário para se manter vivo. Subestimamos nossa capacidade pulmonar.

A gravidez é um momento propício para você resgatar sua capacidade respiratória. À medida que o útero cresce, parece que nos falta ar; com a proximidade do parto, necessitamos respirar mais fundo e relaxar. Durante o trabalho de parto a respiração ajuda a não se prender ao lado doloroso das contrações, permitindo que o útero se dilate e o bebê atravesse o canal vaginal.

Em seu último livro, Leboyer[1] diz que, no trabalho de parto, a respiração tem um papel crucial, estando intimamente ligada à energia que anima as contrações. "A preparação para o parto enfoca a respiração como um dos pontos mais importantes. Todos sabemos respirar, pois assim que nascemos, respiramos. Só que respiramos mal. É preciso acabar com os bloqueios da respiração para reencontrar a plenitude que havia na criança, que respira com o ventre todo."

A respiração profunda e consciente é essencial para os processos vitais. Respirar sentindo o cheiro das flores, da terra úmida

---

1. LEBOYER, F. *Se me contassem o parto.* São Paulo, Ground, 1998.

da chuva, da comida gostosa, do corpo de quem amamos, enfim, conhecer os aromas saborosos que nos são dados pela vida. Até eles, às vezes, passam desapercebidos com nossa respiração inconsciente e malfeita.

Quando nascemos, nossa respiração é profunda ou abdominal. Um bebê dormindo respira assim: o abdômen sobe e desce suavemente acompanhando o ritmo da respiração. Depois, os sustos da vida vão tornando a respiração cada vez mais curta. Os medos, as ansiedades, a pressa e o ritmo da vida levam o adulto a respirar pouco, enchendo apenas a parte de cima do pulmão, fazendo com que ele passe a ter uma respiração superficial. Baixos índices de coragem, ânimo, entusiasmo, vitalidade, energia, libido e fé podem ser devido à falta de oxigênio no corpo. A respiração curta e alta não é suficiente para suprir a necessidade de oxigênio de todas as células.

Na gravidez pode-se aumentar a capacidade respiratória levando mais oxigênio para o útero, para a placenta e para o feto. Isso contribui também para se ter força e disposição para atravessar os nove meses de gravidez e o trabalho de parto, no qual a respiração desempenha um papel fundamental. A idéia não é utilizar a respiração para controlar o parto; técnicas como a do "cachorrinho" ou a de "encher o tórax de ar e fazer força", segundo Leboyer, podem mais atrapalhar do que ajudar. A respiração é usada para acompanhar o trabalho de parto. "A mulher precisa respirar lenta, profunda e intensamente, com fervor, dando ênfase à expiração que deve se tornar cada vez mais longa e suave. Em cada expiração ela traz de dentro de si um som 'grave e profundo, vindo das profundezas do ser', produzidos pelo abdômen."

Esse som é produzido em associação com um ligeiro movimento da pelve, de trás para a frente, numa espécie de oscilação. "A qualidade das contrações depende da liberdade, da mobilidade e da vitalidade do sacro. É preciso devolver vitalidade ao sacro e força à respiração", confirma Leboyer. "É preciso deixar-se levar, entregar-se... mas entregar-se não significa render-se. Para seguir o ritmo e acompanhá-lo é preciso atenção a todo momento... Respirando, respirando sem parar, sem cair na tentação de bloquear, de resistir, de reter a respiração, em vez de ajudá-la a ampliar-se."[2]

---

2. LEBOYER, F. *Se me contassem o parto*, opus cit.

Entre em contato com a sua respiração. Por alguns minutos, inspire e expire, observando o trajeto do ar no aparelho respiratório. Aos poucos, vá aprofundando: permita que o ar chegue cada vez mais baixo em seu abdômen, tornando-o inflado. Segure o ar por alguns momentos e depois vá soltando devagarinho. Esta é a respiração abdominal. Se o ar chega até a altura das costelas, tem-se a respiração costelar; e se se mantém em cima, na altura do peito, é a respiração clavicular, superior.

Durante os meus partos, sempre estive muito atenta à minha respiração. Em meus grupos de preparação para o parto, a respiração sempre ocupou um espaço importante. A ênfase é dada em reaprender a respirar, tornar-se consciente deste processo e usá-lo durante todas as fases do parto. Gosto da respiração clavicular rápida e superior, conhecida na ioga como "ujjayi" para a fase de dilatação. Mas para usá-la é necessário treinar durante meses, pois, caso contrário, poderá prejudicar em vez de ajudar durante o trabalho de parto. Essa respiração me ajudou muito em todos os meus partos.

Os exercícios a seguir são para treinar esses três tipos de respiração e cada um deles tem sua função. À medida que você os faz, sua respiração naturalmente torna-se mais longa, profunda e consciente. É importante repeti-los o mais regularmente possível, de preferência todos os dias.

EXERCÍCIO 1: RESPIRAÇÃO ABDOMINAL

Objetivo: Tomar consciência do processo respiratório abdominal completo.

Função: Ajuda a relaxar e a meditar, esvaziando a mente, pois exige concentração.

Como fazer:

a) sente-se ou deite-se confortavelmente em seu "espaço sagrado";

b) inspire devagar, pelo nariz, permitindo que o ar preencha toda a cavidade abdominal chegando acima do ossinho da vagina;

c) segure o ar, contando mentalmente até cinco;
d) solte o ar, assoprando devagar, como se estivesse com uma vela à sua frente, mas não quisesse apagá-la. A chama apenas se moverá para o outro lado. Quando sentir que o pulmão está vazio, faça uma expiração forte, soltando o ar restante que ficou lá no fundo;
e) fique com o pulmão sem ar e conte até cinco;
f) volte ao item "b", repetindo esta seqüência por três vezes.

EXERCÍCIO 2: RESPIRAÇÃO COSTELAR

Objetivo: Tomar consciência do processo respiratório até a altura das costelas.

Função: Deve ser usada quando se faz algum esforço, levantando objetos pesados ou, por exemplo, durante o ato de defecar e na fase de expulsão no parto.

Como fazer:
a) sente-se ou deite-se confortavelmente em seu "espaço sagrado";
b) coloque suas mãos em cima das costelas, abaixo dos seios, uma de cada lado do corpo;
c) inspire sentindo o ar entrar, inflando ao máximo a cavidade abdominal até a altura das costelas. Você sente que suas mãos sobem lateralmente acompanhando o ritmo respiratório;
d) segure o ar contando até cinco;
e) expire devagar, observando as mãos descerem acompanhando o esvaziamento do abdômen.

EXERCÍCIO 3: RESPIRAÇÃO CLAVICULAR SUPERIOR

Objetivo: Tomar consciência da respiração superior.

Função: Pode ser usada durante a fase de dilatação no trabalho de parto. Por ser curta e rápida, oferece uma dose extra de oxigênio para o organismo, o que pode trazer sintomas de hiperventilação, como contração muscular, tontura e dormência nas pontas dos dedos, tornando-a desconfortável. À medida que se exercita, o mal-estar desaparece, mas é essencial que esse exercício seja feito no mínimo três meses antes do parto.

Como fazer:

a) coloque o dedo indicador levemente na cavidade que temos na garganta, na parte externa, entre as clavículas. Aí se localiza uma membrana que vai para a frente e para trás com a respiração;

b) inspire e expire de forma rápida e curta e sinta esse movimento na cavidade do pescoço, por meio do seu dedo indicador;

c) continue treinando. Quando sentir que dominou a respiração, não há mais necessidade de manter o dedo no ponto indicado;

d) marque no relógio quando iniciar a respiração curta e rápida. Imagine uma contração no parto. No início, ela é fraca, tornando-se aos poucos mais forte. A respiração deve acompanhar este ritmo. Quando terminar, faça uma respiração abdominal;

e) o exercício deve ser feito diariamente, pela manhã e à noite. Deve-se respirar pelo tempo que dura uma contração, ou seja, até um minuto e meio sem interrupção. Inicie treinando por dez segundos e vá aumentando o tempo devagar, até chegar a noventa segundos.

EXERCÍCIO 4: CIRCULAÇÃO DO AR NO CANAL GARGANTA-VAGINA

Objetivo: Tomar consciência do canal energético existente entre a garganta e a vagina.

Função: Conhecer e experienciar a existência desse canal, percebendo como o processo de respiração é importante para o parto.

Como fazer:

a) fique em pé em frente ao espelho do seu "espaço sagrado";

b) visualize um canal que sai da garganta e chega até a vagina;

c) feche os olhos sentindo o ar entrando e saindo desse canal;

d) perceba como é fácil e gostoso sentir a presença desse canal dentro de você;

e) para facilitar, lembre-se como sua vagina reage quando você recebe um gostoso beijo na boca.

5

CONHECENDO O PERÍNEO

Períneo é um conjunto de músculos que fecha por baixo a cavidade abdominal, formando um soalho para os órgãos nele contidos, entre os quais o útero. Possui dois orifícios, a vulva, na frente, com fenda alongada, e o ânus, atrás, que é circular. Essa área do corpo é em geral ignorada pelas mulheres e por isto foi apelidada por muitos autores de "área branca", ou seja, passa em branco quando a mulher se olha. No entanto, é fundamental para a sustentação dos órgãos femininos, para o desempenho sexual e durante a gravidez e o parto.

Em nossa cultura falar sobre os órgãos sexuais, principalmente os femininos, ainda é motivo de vergonha e culpa. O correto seria que, desde meninas, as mulheres tivessem consciência dessa região do corpo e aprendessem a fazer exercícios de contração do períneo, que são básicos para a saúde ginecológica da mulher. Um exercício muito simples é o de reter e soltar a urina, alternadamente, quando for ao banheiro.

A gravidez é um momento propício para adquirir consciência desta parte do corpo. Os exercícios específicos de ioga, a massagem com óleo e a respiração localizada permitem que se perceba a existência dessa região em nosso corpo, levando ao relaxamento do períneo durante a fase de expulsão no parto.

O períneo tenso pode levar à necessidade da episiotomia no trabalho de parto. A episiotomia é uma incisão ou um corte cirúrgico para aumentar a abertura vaginal.

Embora seja um procedimento de rotina na obstetrícia moderna, estudos realizados mostram que esta não é sempre necessária e que uma pequena laceração espontânea de períneo cicatriza melhor e traz menos conseqüências físicas e psicológicas do que um corte. Em um parto ativo, a episiotomia raramente é indicada e, em geral, é feita apenas em caso de emergência.[1] Ter consciência do períneo e fazer exercícios indicados é uma forma de preparar essa região que, embora pouco comentada, é tão importante quanto as outras recomendações para um bom parto. Converse com seu médico sobre a episiotomia antes do parto, pergunte-lhe se ele costuma fazê-la rotineiramente ou se ele opta pelas técnicas de proteção para que não haja ruptura sem fazer episiotomia. A episiotomia é considerada pelos médicos uma "proteção ao períneo", podendo ser uma agressão à mulher se feita sem necessidade.

Os exercícios com o períneo são poderosos. Durante minhas gestações, desenvolvi a consciência do períneo, que era nula, como na maioria das mulheres. Aprendi a meditar visualizando o períneo e a respirar distinguindo cada parte dele. Depois, a massagem freqüente com óleo me fez conhecer bem esta parte do meu corpo, além de ser prazerosa. Em meu último parto, consegui relaxar tão bem o períneo, que não tive nenhuma laceração espontânea, apesar de já ter feito episiotomia duas vezes.

Localizado no chacra básico — o das necessidades vitais do ser humano, da sobrevivência e da sexualidade —, o contato e a consciência do períneo permitem desenvolver o instinto e conhecer o nosso lado animal. Viver distante da natureza nos afasta do instinto que, embora camuflado e ignorado, continua a existir. Temos o instinto de fome, de sede, sexual, materno, de proteção, de busca, de abrigo. O bebê, ao nascer, é puro instinto.

Estar conectada ao instinto ajuda a atravessar a gravidez de forma mais tranqüila, sabendo que se pode contar com esta potente

---

1. BALASKAS, J. *Parto ativo*. São Paulo, Ground, 1993.

força da natureza, e o trabalho de parto torna-se mais natural. O instinto é um guia. Precisamos saber utilizá-lo. A sexualidade e o instinto vêm juntos, e durante a gestação é mais fácil e natural estar conectado a ambos. Por isso, vale a pena fazer os exercícios sugeridos pelo menos três vezes por semana. Lembre-se, também, de quando for ao banheiro, fazer o exercício de reter e soltar a urina algumas vezes.

EXERCÍCIO 1 - LOCALIZANDO O PERÍNEO

Objetivo: Tomar consciência da região do períneo.
Função: Controlar o relaxamento e a tensão do períneo durante o parto.
Como fazer:
a) em seu "espaço sagrado", sente-se nua, recostada, com as pernas abertas ou de cócoras;
b) coloque as mãos suavemente entre o ânus e a uretra sentindo o músculo perineal;
c) inspire contraindo ao máximo, fechando o ânus e o canal vaginal;
d) expire devagar, sentindo o relaxamento do músculo e a abertura do ânus e da vagina.

EXERCÍCIO 2 - DISTINGUINDO AS DIFERENTES PARTES DO PERÍNEO

Objetivo: Sentir a anatomia do períneo.
Função: Dominar a tensão e o relaxamento durante o parto.
Como fazer:
a) sente-se nua, recostada, ou fique de cócoras em seu "espaço sagrado";
b) inspire devagar, contraindo apenas a vagina. Relaxe, expirando;
c) inspire devagar, contraindo apenas a região anal. Relaxe, expirando;
d) repita três vezes cada etapa.

Observação. No início você poderá achar complicado distinguir cada parte do períneo, mas com o tempo sentirá que isso é absolutamente natural.

EXERCÍCIO 3 – MASSAGEM NO PERÍNEO

Objetivo: Conscientizar-se da região do períneo.

Função: Despertar o instinto, relaxar o períneo.

Como fazer:

a) coloque uma música suave e acenda um incenso em seu altar;

b) sente-se nua, de frente para o espelho;

c) escolha um bom óleo (pode ser de amêndoa, de gergelim);

d) passe em seu períneo devagar e vá olhando no espelho as diferentes partes dessa região;

e) massageie delicadamente e estenda a massagem para a região anal e para a vagina;

f) aproveite este momento para se conhecer bem, tornando-se íntima de seus genitais;

g) desfrute e relaxe com o prazer que sentir, sem pressa de acabar.

6

FAZENDO AMOR...

Muitas mulheres grávidas têm resistência à aceitação da libido ou do prazer sexual durante a gestação. Isto é natural, considerando-se o domínio do patriarcado a que fomos submetidas e que interferiu com seus preconceitos em toda a vida sexual da mulher, como na menarca, na relação sexual, na gravidez, no parto, no aleitamento e na menopausa. Esses processos estão carregados de condicionamentos que precisam ser destruídos, pois prejudicam e interferem em seu desenvolvimento natural e prazeroso. No entanto, como diz a sexóloga Anand:[1] "A energia sexual é a força criativa definitiva da natureza, o poder através do qual ela manifesta vida nova. É através da relação sexual que podemos nos fundir com a fonte de criatividade ilimitada da natureza". A gravidez, o parto e o aleitamento fazem parte da vida sexual e afetiva da mulher e do casal, e tratados como tal representam um importante resgate para a felicidade do ser humano.

Sentir-se bem com o próprio corpo, "curtir" a barriga crescendo, gostar dos seios volumosos com as auréolas escuras, preparando-se para o aleitamento, cultivar a feminilidade, a beleza e a sensualidade nos meses da gestação são sinais de que a mulher e o homem estão abertos para viver o relacionamento sexual desta fase de forma criativa e prazerosa.

---

1. ANAND, M. *Opus cit.*

A gravidez é o momento ideal para transformar padrões negativos ligados à sexualidade por meio de exercícios sugeridos em livros especializados ou de terapia dirigida. Ter vontade e disposição de mudar esses padrões negativos é, no entanto, o mais importante. Os exercícios aqui sugeridos têm esta finalidade, buscando contribuir para o desbloqueio da sexualidade reprimida, da falta do orgasmo e de prazer, ou da idéia que muitas mulheres e homens têm a respeito da grávida, considerando-a um "ser assexuado" ou mesmo pouco erótico e feio.

O primeiro passo é conhecer o próprio corpo, aceitá-lo em detalhes e estar à vontade com ele. Desde crianças aprendemos que "não podemos pôr a mão ali" ou que devemos nos manter distantes de nossos órgãos sexuais e "ficar com as pernas fechadas". A gravidez é um momento propício para observar as transformações que ocorrem no corpo, inclusive nos genitais. Participar dessas transformações, compartilhar com seu parceiro o que está acontecendo e aprender a sentir prazer com isso é o início do descondicionamento que precisamos para aceitarmos nossa sexualidade e convivermos de forma harmoniosa com nosso corpo.

Alguns casais preocupam-se com o fato de a relação sexual poder machucar o bebê. Não há razão para esse medo, pois a criança está bem protegida no útero. Apenas em caso de sangramento e contrações uterinas fortes deve-se evitar o relacionamento sexual e procurar um médico.

O relacionamento sexual amoroso, benéfico para os parceiros, também é positivo para o feto, que irá receber essa energia de amor e carinho, contribuindo para sua segurança e desenvolvimento.

Para manter o bem-estar da mãe e do bebê durante o ato sexual é importante ter cuidados básicos essenciais como, por exemplo, escolher uma posição confortável. Se a mãe está feliz e relaxada, provavelmente o bebê também estará. Procure escolher as posições laterais, de costas, de quatro ou com a mulher por cima, que são mais cômodas; no entanto, tudo depende da criatividade do casal.

As limitações sexuais são criadas pela cultura ou por nós mesmos como um instrumento para impedir o prazer. O prazer sexual, desde que aceito e vivido de forma saudável e bom para si próprio, é uma porta aberta para o coração, para a afetividade e para o amor.

Durante as minhas gestações, principalmente a partir do terceiro mês até o oitavo, eu sentia muito desejo. O fato de não precisar me preocupar em "engravidar" me relaxava mais. Com o aumento da sensibilidade da minha pele, dos meus seios, dos meus sentimentos e o fato de me sentir atraente punha minha libido lá no alto... Nem sempre meu companheiro correspondia aos meus desejos e, então, eu me masturbava, fazendo massagem com óleo no períneo, levando essa energia de prazer e de amor para o meu bebê, desfrutando sem culpa de minha forte e exuberante sensualidade proporcionada pela gravidez...

A libido ou o desejo sexual pode não estar presente em algumas fases da gestação. No primeiro trimestre da gravidez, as alterações hormonais ou os fatores emocionais ligados à aceitação podem diminuir o desejo sexual de algumas mulheres. No final da gestação, o peso e o tamanho da barriga também podem ser inibidores.

Os exercícios sugeridos e a massagem, além do carinho e da compreensão do parceiro, poderão transformar este quadro e trazer de volta a sensualidade e o desejo. Isto deve ser algo natural e espontâneo e nunca forçado. Ninguém tem obrigação de satisfazer o outro e muito menos de transar sem estar a fim. Faça o que seu corpo pede e escute o seu coração. Perceba se o que sente é algo verdadeiro ou foi gerado pelo condicionamento recebido. Converse a respeito com seu parceiro sexual e, se necessário, procure um terapeuta.

EXERCÍCIO 1: CONHECENDO O PRÓPRIO CORPO

Objetivo: Aprender a observar o corpo.
Função: Conscientizar-se das mudanças ocorridas.
Observação: Este exercício deve ser feito sozinha, pelo menos uma vez por semana.

Seqüência

a) antes do banho e nua, entre em seu "espaço sagrado" e sente-se confortavelmente em frente ao espelho;

b) observe se ocorreu alguma modificação em seu rosto, colo e seios nesta semana;
c) fique em pé, olhe seu corpo inteiro, observe o tamanho da barriga, seus quadris e pernas;
d) passe um óleo aromático em todo o corpo, sem esquecer-se do períneo;
e) deite-se de lado e relaxe alguns minutos. Observe seu prazer e como você se sente nua em contato consigo mesma;
f) levante-se e tome um bom banho quente. Se tiver uma banheira, aproveite para prolongar o seu prazer e relaxe.

EXERCÍCIO 2: COMPARTILHANDO AS TRANSFORMAÇÕES DO SEU CORPO COM SEU PARCEIRO

Objetivo: Olhar com naturalidade o corpo do parceiro.
Função: Conhecer quais as transformações ocorridas no corpo da parceira grávida.

Seqüência

a) fiquem nus em seu "espaço sagrado", em pé, diante do espelho. Acendam um incenso e coloquem uma música;
b) de mãos dadas, um observa o corpo do outro. Ele comenta as transformações ocorridas no seu corpo e você observa o corpo dele, indicando que partes você gosta mais;
c) deite-se de lado, enquanto ele passa um óleo aromático em todo o seu corpo, sentindo sua pele, o contorno da barriga, dos seios e dos quadris;
d) agora, passe óleo no corpo dele, sentindo sua pele, observando-o e acariciando-o;
e) tomem um banho juntos e relaxem. A intimidade trazida por este exercício propicia um clima de sensualidade e amorosidade. Aproveitem e desfrutem ao máximo.

7

MASSAGEM: UM TOQUE PARA A DEUSA GRÁVIDA

A massagem é extremamente benéfica para a grávida. O peso da barriga sobrecarrega as costas, a coluna vertebral e as pernas e, no final do dia, principalmente, a massagem alivia esses sintomas, além de trazer conforto emocional e relaxamento.

Fazer massagem é um exercício de amor, de concentração e de meditação. Quem massageia deve estar centrado na respiração, em seu inspirar e expirar, permitindo que a mente se esvazie, tornando-se um canal de energia do universo. É saudável a gestante receber massagem quando estiver descansada e bem-disposta. Portanto, proponho uma troca de massagem entre casais e amigos com a grávida.

Existem vários tipos de massagem e de técnicas que você pode obter por intermédio de profissionais, de cursos ou de livros especializados. Aqui, refiro-me à massagem intuitiva, feita sobre um acolchoado, no chão, usando um óleo aromático, com fundo musical. O toque na gestante deve ser firme e leve, nunca profundo e forte. Pode-se trabalhar livremente as costas, evitando o contato prolongado na parte interna das pernas, principalmente quatro dedos acima do tornozelo, que corresponde ao ponto do útero nos meridianos da acupuntura e pode levar a gestante a sentir contrações. Não é preciso completar o roteiro todas as vezes, podendo-se massagear apenas os pontos mais necessitados.

Lembro-me de que, quando estava grávida, o pai de meus filhos freqüentemente fazia massagem em meus joelhos, per-

nas e pés, que produziam um alívio incrível no final do dia. No terceiro trimestre da gravidez eu sentia muitas dores na região lombar, perto dos rins, devido à abertura dos ossos. Então, ele massageava esta parte, estendendo para as costas, os ombros e o pescoço e eu relaxava profundamente...

ROTEIRO BÁSICO DE MASSAGEM PARA GRÁVIDAS

Preparação

1. acenda uma vela e um incenso; escolha uma música suave e um bom óleo aromático (alecrim, rosa, bétula são ótimos);
2. forre o acolchoado com um lençol e tenha as cobertas necessárias disponíveis;
3. observe se o espaço está harmonioso e encaminhe a gestante para o acolchoado;
4. a gestante deve deitar-se de lado, sem roupa, apoiando uma das pernas em uma almofada e um dos braços em outra. Se necessário, use um pequeno travesseiro para apoiar a cabeça;
5. acomode a gestante de modo que ela se sinta confortável e cubra-a com o lençol e o cobertor, se necessário;
6. fique de joelhos ao seu lado e ponha uma das mãos no ventre e outra no final de sua coluna, sincronizando sua respiração com a dela.

A massagem

1. Coloque uma das mãos na altura das omoplatas e na região lombar, fazendo um leve balanço.

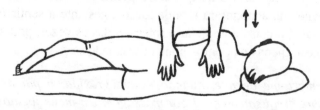

2. Apóie-se sobre um joelho e coloque o outro pé no chão. Passe o óleo nas costas da gestante, sempre de baixo para cima, com as mãos abertas. Trabalhe com o lado das costas que está mais disponível nessa posição de lado.

3. Deslize com os dois polegares sobre uma linha paralela à coluna, de baixo para cima, depois sobre a coluna e, em seguida, na outra linha paralela.

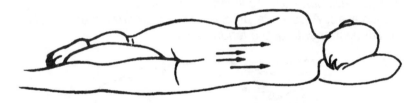

4. Com os polegares, partindo do sacro, vá abrindo espaço entre cada vértebra, fazendo uma pressão moderada entre uma vértebra e outra. Volte a aquecer as costas como no exercício 2.

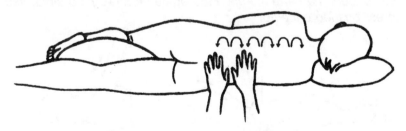

5. Estique o braço e massageie-o, deslizando com as mãos espalmadas em toda a sua extensão. Trabalhe as articulações das mãos e dos dedos.

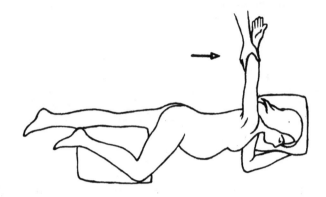

6. Massageie as nádegas com as mãos abertas, usando toda a massa muscular, com movimentos circulares.
Observação: A gestante precisa ser tocada suavemente. Volto a insistir neste ponto que é fundamental.

7. Massageie as pernas devagar, com cuidado para não aprofundar o toque na parte interna. Massageie de baixo para cima, não pressionando o joelho.

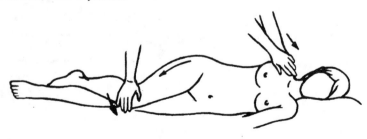

8. Massageie os pés fazendo uma pequena rotação em cada dedo.

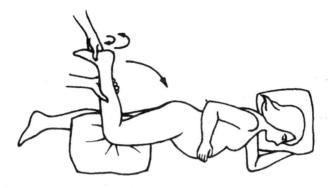

* Faça uma pausa. Peça para a gestante virar-se para o outro lado, devagar. Retome os exercícios de 1 a 8, no lado oposto ao que você trabalhou.

9. Peça para a gestante ficar de barriga para cima, com os joelhos dobrados e os pés apoiados no chão. Coloque almofadas sob seus joelhos para que ela possa relaxar as pernas.

10. Devagar, passe o óleo e massageie levemente a barriga, em sentido horário.

11. Pegue o braço e estire-o para cima, soltando os ombros. Faça o mesmo com o outro braço.

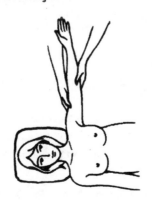

12. Abra o tórax com as duas mãos, de baixo para cima. Massageie os seios delicadamente, com movimentos circulares.

13. Coloque-se atrás da cabeça da gestante. Massageie o pescoço e a clavícula. Deite a cabeça de lado sobre uma das mãos e trabalhe a lateral do pescoço.

14. Com uma das mãos na testa e a outra na nuca, puxe a cabeça firme e lentamente para si, alongando o pescoço.

15. Massageie a testa, o nariz e as bochechas. Com os dedos, faça movimentos como se fosse abrir a testa. Deslize pelo nariz até a boca, apertando os pontos ao lado das narinas, nas bochechas e no canto da boca. Puxe as bochechas para cima, massageando-as.

16. Coloque uma toalha de rosto enrolada apoiando o pescoço e cubra os olhos com uma toalha pequena. Ela deve, então, relaxar em silêncio. Certifique-se de que a gestante está em uma posição confortável para relaxar. Caso contrário, ela poderá ficar de lado, como no início.

DICAS PARA QUEM VAI APLICAR A MASSAGEM[1]

1. Sua respiração deverá estar conectada com o movimento da massagem. Inspire e expire compassadamente, e mais profundo quando sentir zonas mais tensas.

---

1. TARUNO, R. "Massagem Ayurvédica". Alto Paraíso, mimeo, 1996.

2. Coloque-se em posições que permitam a liberdade de movimentos e certifique-se de que está totalmente presente àquele ato.

3. Escolha uma posição de modo que tanto o seu lado direito quanto o esquerdo sejam usados durante a massagem, para que você possa movimentar-se com habilidade e sem sobrecarregar-se.

4. Perceba quando outros pensamentos tomarem conta da sua mente (lembre-se, isto é um sinal de que você se desconectou do trabalho). Então respire profundamente e retome o contato, com mais atenção.

5. Ao executar as manobras e deslizamentos, procure observar se você usa o peso do seu próprio corpo, pois assim estará evitando desgastes energéticos desnecessários.

6. A fluidez dos movimentos com a sincronia de sua presença no trabalho faz com que a massagem se desenvolva de forma harmônica e bela.

7. Complete cada movimento integralmente, toque toda a extensão das áreas trabalhadas, lembrando-se de que tocar é uma habilidade que pode ser descoberta e desenvolvida e que tem o dom de mobilizar a vida.

8

EXERCITANDO-SE...

Na preparação física para o parto, além da respiração, da qual já falamos anteriormente, os exercícios físicos são muito importantes para manter seu corpo flexível, fortalecer músculos e tecidos. Apresento uma série de exercícios que você pode fazer sozinha, a partir do terceiro mês de gestação, e que traz bons resultados quando realizados diariamente ou, pelo menos, quatro vezes por semana. Se você não tem a disciplina necessária para isso, procure um grupo de preparação para o parto que adote a prática da ioga ou de outros exercícios. Mesmo assim, só isso não é suficiente para um bom preparo físico, principalmente se você trabalhar fora e/ou ficar sentada muito tempo durante o dia. Procure levantar-se mais cedo e experimente a série de exercícios aqui sugerida. Essa série baseia-se em antigas artes chinesas e japonesas e desenvolve uma compreensão meditativa e integral do corpo humano. Conhecida como *divine healing* (cura divina), ajuda o fluxo de energia em todo o corpo, alongando e tonalizando os meridianos usados na acupuntura. Podem ser feitos pela manhã ou ao entardecer.

Fazendo este trabalho com regularidade você terá os seguintes benefícios:

- energia, bem-estar e vitalidade;
- diminuição de dores nas costas e lombares;
- melhora da circulação, evitando varizes;
- prevenção da prisão de ventre;

- fortalecimento das pernas para o trabalho de parto;
- bom humor.

Além dos exercícios, também é muito bom caminhar, pois além de ser um exercício aeróbico, melhora o transporte de oxigênio no organismo. Assim, há um aumento do volume total de sangue, da resistência física e da capacidade pulmonar, fortalecendo o músculo cardíaco — aspectos essenciais para melhorar a saúde da gestante e do seu bebê.

Comece caminhando quinze minutos por dia e vá aumentando aos poucos, de acordo com sua capacidade respiratória e com o tamanho de sua barriga. Escolha locais agradáveis para caminhar, junto à natureza, se possível, e evite horários com sol muito forte. Use um chapéu e roupas confortáveis e siga seu próprio ritmo, nunca forçando o corpo. Ao fazer os exercícios, tenha também isto em mente. Não force nada, seja natural e faça os exercícios devagar e com a respiração consciente. Com a constância, a resposta virá e você sentirá a força e a flexibilidade de seus músculos aumentando gradativamente.

Durante três anos fiz diariamente esses exercícios de divine healing. É impressionante a mudança de humor e o bem-estar físico que proporcionam, prolongando-se por todo o dia. Resolvi adaptá-los para as grávidas. Como são vários exercícios, em duas séries, pode-se fazê-los alternadamente. Vale a pena experimentar.

PREPARAÇÃO PARA OS EXERCÍCIOS

- entre em seu espaço sagrado;
- fique em pé com as pernas separadas;
- mantenha seus joelhos ligeiramente dobrados e o maxilar relaxado;
- sincronize corretamente a respiração em cada movimento, inalando pelo nariz e soltando o ar pela boca;
- repita cada movimento três vezes;

- permaneça constantemente relaxada, sem nenhuma tensão ou desconforto no corpo;
- pratique os exercícios com o estômago vazio.

SÉRIE 1

Para soltar a respiração

Exercício 1

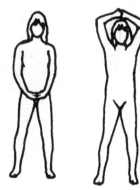

Inspirando, entrelace os dedos das mãos e estique os braços para cima, sobre a cabeça. Expirando, traga as mãos entrelaçadas para baixo.

Exercício 2

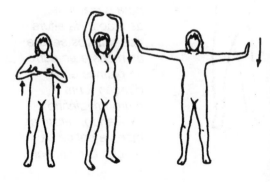

Inspirando, com as palmas das mãos para cima, estenda os braços acima da cabeça. Expirando, separe os braços e mova-os para baixo com as palmas das mãos para baixo.

Exercício 3

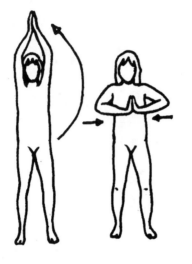

Inspirando, levante lateralmente os braços e leve-os acima da cabeça. Expirando, pressione as palmas das mãos e traga-as para baixo, na altura do peito.

Exercício 4

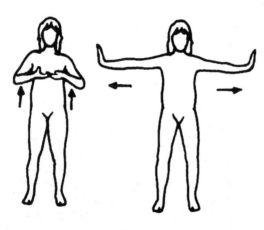

Inspirando, palmas das mãos viradas para cima, junte as mãos. Na altura dos ombros separe as mãos e empurre as palmas em direção a um muro imaginário. Expirando, relaxe as mãos e desça os braços lateralmente.

Exercício 5

Inspirando, junte as mãos, palma esquerda para baixo, palma direita para cima. Levante o braço direito até a palma ficar horizontalmente estendida acima de sua cabeça. Expirando, traga o braço direito para baixo. (Veja direção da seta.)

Exercício 6

Inspirando, mão esquerda para baixo, mão direita diagonalmente para cima. Puxe totalmente para a esquerda e rode as costas e a cabeça com os olhos abertos. Expirando, gire para trás e traga o braço direito para baixo. Troque de lado e alterne os braços.

Exercício 7

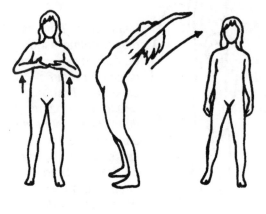

Inspirando, palmas das mãos para cima, na direção do tórax; erga os braços acima da cabeça e incline-se para trás. Expirando, traga os braços para baixo lateralmente.

Exercícios para o relaxamento das articulações

Exercício 1

Cabeça: Rode, estenda e incline a cabeça em todas as direções. Estenda os músculos do pescoço e faça caretas.

Exercício 2

Ombros: Rode para a frente, para trás, alternando um ombro depois do outro. Puxe-os para cima, tão alto quanto puder, a cada inspiração. Então, solte-os a cada expiração.

Exercício 3

Punhos, mãos e cotovelos: Rode os punhos em círculos em todas as direções, puxe-os para trás e para a frente. Una as costas das mãos, afastando os punhos do corpo. Dobre os punhos para baixo. Dobre o polegar até tocar o punho. Puxe, belisque e sacuda cada dedo, estendendo-o para trás. Entrelace as mãos e vire as palmas para fora.

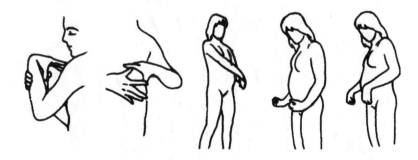

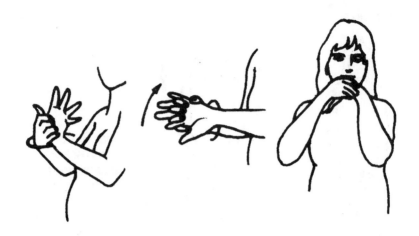

Exercício 4

Toques para abrir os meridianos de energia. Com o punho fechado, toque suavemente os ombros e continue a socar devagar, para baixo, na parte interna do braço, e depois suba socando a parte externa do braço. Desça socando a parte interna da perna até quatro dedos acima do tornozelo e suba pela parte externa. Repita no outro lado do corpo.

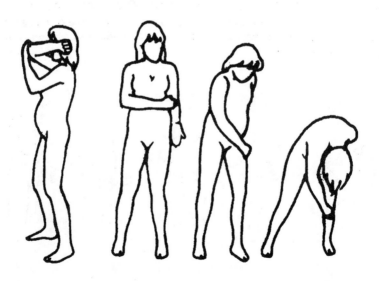

Exercício 5

Espinha dorsal: Inspirando, balance os braços e gire a coluna para a esquerda. Expirando, balance para a direita, braços soltos, olhos abertos. Comece devagar, aumentando a velocidade gradualmente. Depois de um tempo, levante os braços para cima e curve a cintura para baixo. Diminua até parar.

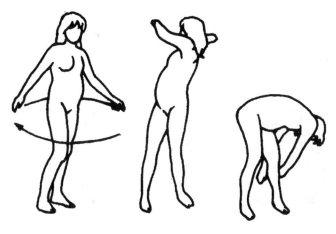

Exercício 6

Quadris: Mova os quadris em círculos. Demore-se nos lugares tensos. Faça movimentos amplos em forma de círculo ou do número oito.

Exercício 7

Joelhos, pés e tornozelos: *Levante um joelho, estenda o pé para a frente e para trás, gire o tornozelo e o joelho. Estire uma perna para a frente e flexione o pé para a frente e para trás. Repita com a outra perna.*

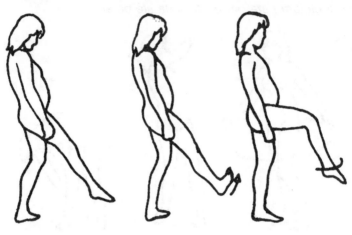

Exercício 7-a

Braços levantados e pernas estendidas para trás. Mantenha esta posição por três inspirações. Então segure um pé e puxe-o em direção às nádegas. Segure por um momento e mude a posição das pernas.

Exercício 8

Pernas: Balance uma perna para a frente e para trás, várias vezes, movimentando os braços em direções opostas. Troque a posição das pernas. Balance uma perna à sua frente, braços em direção oposta. Agora, faça com a outra perna. Gire uma perna para a frente e para trás. Troque a posição das pernas.

Exercício 9

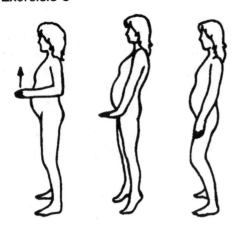

Centramento: Inspirando, levante as mãos até o nível do coração com as palmas viradas para cima. Expirando, empurre as mãos para baixo com as palmas para baixo; ao mesmo tempo, fique na ponta dos pés, levantando bem os calcanhares. Desça firmemente nos calcanhares.

SÉRIE 2

Exercícios para esticar músculos e tecidos

Exercício 1

Inspire, braços estendidos para cima. Agora, "colha uvas", primeiro com uma das mãos, depois com a outra; prenda a respiração e continue colhendo quando precisar expirar. Respire profundamente e traga seus braços até a altura dos ombros, sentindo a energia no ponto acima do umbigo. Expire e abaixe os braços.

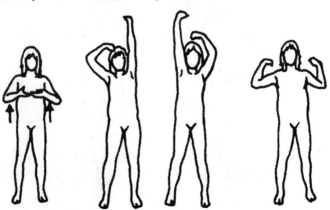

Exercício 2

Inspire, palmas para cima, braços levantados para o alto, estique. Expire, empurre para cima.

Exercício 3

Inspire, cruze as mãos atrás da cabeça. Expire, empurre a cabeça e a coluna devagar, para a frente e para baixo. Segure um pouco, então deixe as mãos caírem com um balanço. Devagar, fique em pé com os joelhos curvados. Inspire e fique em pé, lentamente.

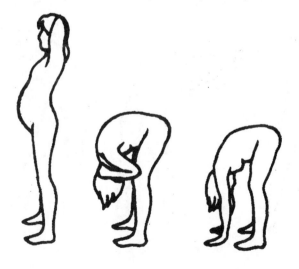

Exercício 4

Inspire, segure os cotovelos acima da cabeça. Expire, gire e abaixe-se até o joelho. Repita com o outro lado.

Exercício 5

Inspire, estique os braços acima da cabeça, com as mãos cruzadas. Expire, curve-se e alongue-se, duas vezes para cada lado.

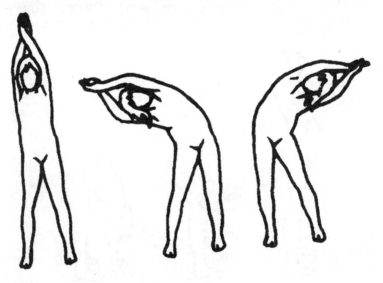

Exercício 6

Inspire, segurando um polegar com os dedos da outra mão e os braços para trás. Expire, curve-se para a frente, esticando os braços para cima. Pare nessa posição por um momento. Solte os braços, deixando que caiam ao longo do corpo. Fique em pé lentamente.

Exercício 7

Inspire, coloque os punhos nas costas. Expire, curve-se para trás, colocando a língua para fora. Inspire, fique em pé. Expire, estenda os braços para cima e, depois, curve-se para baixo com os joelhos levemente dobrados, levando a mão até onde puder, sem forçar sua barriga.

Exercício 8

Pés juntos, curve-se e gire os joelhos, estique as pernas e os joelhos; estique e levante os dedos dos pés e balance-se para a frente, em cima dos dedos, agachando-se com os joelhos bem separados. Então, gentilmente, bata com os punhos no lado de dentro dos joelhos.

Exercício 9

Fique em pé, com as pernas bem abertas, e estique uma perna para o lado enquanto curva a outra. Troque de lado, abaixe-se o máximo que puder e mude de lado novamente. Então, curve-se, agachando-se e, vagarosamente, levante-se até que esteja com os braços esticados acima de sua cabeça. Evite este exercício a partir do oitavo mês, ou quando sentir-se desconfortável.

Exercício 10

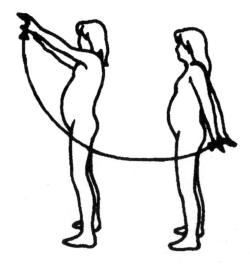

Balance os braços para baixo quando expirar e para cima quando inspirar, de preferência durante dez minutos, soltando o ar pela boca.

Os exercícios de *divine healing* podem ser completados com esta série de ioga, que também pode ser feita isoladamente.

Exercício 1

Deite-se com as costas retas e os joelhos dobrados sobre o peito. Inspirando, leve a testa aos joelhos. Expirando, volte à posição anterior, relaxando a nuca e os ombros.

Exercício 2

Deite-se de costas, com as pernas dobradas e afastadas. Inspire, colocando a bacia esticada no solo. Expire, voltando à posição original.

Exercício 3

Torne agora sua pélvis móvel, liberando a energia sexual, deixando-a espalhar-se por todo o seu corpo. Estique a coluna no chão e volte a sentir sua curvatura; repita várias vezes. Respire profundamente no final.

Exercício 4

Coloque as costas retas no chão, esticando também a nuca. Levante as pernas e, com as mãos, segure os dedos dos pés firmemente; estique as pernas para cima. Inspire, separando as pernas ao máximo, deixando as costas no chão e projetando o ânus para o alto.

Exercício 5

Com as costas retas no chão, erga os braços e as pernas paralelamente. Relaxe a nuca e os ombros. Fique à vontade, respire naturalmente e pare o exercício antes de sentir tensão ou cansaço. Antes de terminar, vibre braços e pernas.

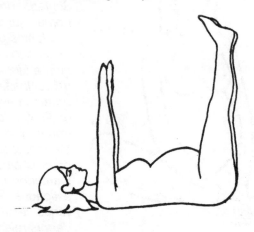

Exercício 6

Dobre as pernas mantendo-as afastadas, os calcanhares próximos às nádegas. Inspirando, levante a bacia o mais alto que puder. Mantenha-se assim, sustentando os quadris com as mãos. Expirando, desça as costas, sentindo vértebra por vértebra e relaxe.

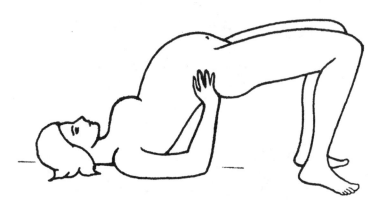

Exercício 7

Sentada, dobre as pernas, juntando as plantas dos pés, mantendo-as unidas com a ajuda das mãos. Inspire profundamente endireitando o tronco. Encolha a barriga, jogue os ombros para trás, mantendo os braços esticados. Respire várias vezes e depois relaxe.

Exercício 8

Inspire, levantando as mãos juntas e esticadas acima da cabeça, endireitando e alongando suas costas. Expirando, desça os braços lentamente. Repita o movimento três vezes.

Exercício 9

Sente-se sobre os calcanhares, coloque as duas mãos na altura dos joelhos e o topo da cabeça no solo, mantendo a testa o mais próxima possível do joelho. Inspire, erguendo os quadris, rolando e esticando a nuca. Expire, retomando a posição inicial sem levantar a cabeça. Repita cinco ou seis vezes e passe para o exercício 10, ainda com a cabeça no chão.

Exercício 10

Coloque sua cabeça sobre os punhos até que sua respiração e sua circulação se restabeleçam. Vire-se de lado e relaxe.

Durante o relaxamento, faça contato com o bebê, conforme explicado no Capítulo 10.

9

ALIMENTANDO-SE BEM...

A mulher grávida ou que está amamentando tem suas necessidades nutricionais aumentadas. Deve escolher melhor o que come, dadas as possíveis dificuldades de digestão ou pelo fato de que substâncias de certos alimentos que passam através do leite podem provocar gases no bebê durante o aleitamento.

Como nutricionista e naturalista há vinte anos, vivendo em uma cidade do interior, longe das necessidades criadas pelo consumismo e perto de boas fontes de alimentos naturais, como hortas, pomares e fazendas, tenho feito novas experiências com alimentação. Além disso, tenho estado em contato com pessoas urbanas, estressadas e intoxicadas na clínica de desintoxicação em que trabalho. Estas pessoas geralmente têm uma vida agitada, sedentária e utilizam alimentos processados, congelados, industrializados, pré-cozidos ou preparados em restaurantes. Como conseqüência, apresentam problemas crônicos de saúde com graus de intoxicação variáveis, envelhecimento precoce, com fígado e vesícula sobrecarregados. Gostaria, portanto, de partilhar, neste capítulo, de minha experiência pessoal, em vez de fazer recomendações técnicas que podem ser obtidas por meio de uma consulta com um profissional especializado.

ESQUEMA DE REFEIÇÕES PARA SE ALIMENTAR BEM[*]

Desjejum

Procure consumir frutas frescas com cereais integrais em flocos ou farelos, açúcar mascavo, leite de soja, grão-de-pólen. Deixe os cereais de molho no leite de soja ou em chá morno por dez minutos. Adoce com açúcar mascavo. Acrescente o grão-de-pólen, que é riquíssimo em vitaminas e minerais, e coma com frutas. Se preferir, use leite de vaca ou iogurte.

Lanche matinal

Suco de frutas feito na hora. Os sucos de polpa congelados perdem boa parte das vitaminas e os artificiais não são recomendados. Coma frutas frescas e/ou secas à vontade.

Almoço

- Prefira alimentos integrais e orgânicos, sem agrotóxicos, que podem ser adquiridos em feiras livres ou em casas especializadas;
- arroz ou macarrão integral;
- feijão, lentilha, grão-de-bico;
- salada multicolorida com raízes, folhas, flores cruas e brotos;
- legumes no vapor, pouco cozidos;
- proteína de origem vegetal: glúten (que é carne vegetal feita de farinha de trigo), soja (Proteína Vegetal Texturizada — PVT); carnes brancas: (o frango caipira sem pele é o melhor), peixes (cuidado com os de rio, que podem estar contaminados por mercúrio em zonas de garimpo);
- se for carnívora, carnes em geral.

---

[*] Estas recomendações valem para qualquer pessoa, não apenas para as mulheres grávidas.

Jantar

Sopa de raízes (inhame, mandioca) com suco de vegetais crus. Cozinhar as raízes e depois misturar cenoura, salsa, cebolinha, beterraba e outros vegetais batidos, temperados com missô e azeite. Ou, se você preferir, repita o cardápio do almoço ou faça um lanche com pão integral, massas integrais e vegetais. Evite maionese, manteiga e queijos em excesso.

OUTRAS RECOMENDAÇÕES

- Os suplementos de vitaminas e minerais são importantes. Consulte seu médico a respeito.
- Evite sobremesas, pois a mistura de doce e sal no organismo dificulta a digestão.
- Prefira sal marinho.
- Elimine panelas e utensílios de alumínio, pois podem causar intoxicação.
- Prefira alimentos recém-colhidos, que possuem mais energia vital. Hoje se sabe que, além dos nutrientes, necessitamos também da energia vital dos alimentos. Quanto mais frescos e crus, mais energia vital possuem.
- Use óleo de canola e/ou azeite de oliva cru, sempre em pouca quantidade.
- Evite alimentos e molhos industrializados.
- Tempere os alimentos com limão e ervas frescas e/ou secas.
- Procure não ingerir sucos ou água durante as refeições. Beba líquidos apenas uma hora antes ou depois das refeições.
- Cuidado com o excesso de laticínios e de carnes vermelhas.

Muitas mulheres poderão não gostar do tipo de refeições sugeridas. Para seguir este roteiro é necessário uma reeducação alimentar, pois a sociedade em que vivemos, principalmente nas cidades grandes, nos leva a ingerir alimentos industrializados e uma gama enorme de produtos desnecessários que, além de engordar, provocam outros problemas, tais como prisão de ventre e retenção de água. É uma questão de escolha pessoal e de determinação de cada um buscar alimentos mais naturais, oriundos de fontes fidedignas que, sem dúvida, trarão mais saúde e vitalidade ao organismo.

PARA ENFRENTAR OS TRANSTORNOS COMUNS NA GRAVIDEZ

Enjôos, vômitos e excesso de saliva

Ingira alimentos secos, como, por exemplo, biscoitos salgados e torradas. Não tome líquidos com as refeições. Mude de sabonete, pasta de dente e produtos de higiene, caso esses cheiros a incomodem. Dê preferência a frutas como laranja, abacaxi, ameixa umeboshi (encontrada nas lojas de alimentos naturais). Não fique com o estômago vazio. Os enjôos, mais comuns pela manhã, geralmente desaparecem no terceiro mês de gestação. Às vezes, nada resolve e é preciso recorrer a algum medicamento, mas não faça isso sem antes conversar com seu médico.

Prisão de ventre

- Tome, em jejum, suco de ameixas pretas deixadas de molho na véspera.
- Coma mamão com sementes, em jejum.
- Faça uma dieta rica em fibras.
- Faça exercícios e caminhadas.
- Tome chá de boldo-do-chile após as refeições.

Azia

Evite:
- pão fresco, bolos, doces;
- sucos ácidos e mistura de sucos com outros alimentos;
- café, chá preto, chá mate;
- em casos graves, fale com o seu médico.

Gases intestinais

- Evite laticínios (leite, queijo), massas, pão fresco.
- Algumas combinações de alimentos provocam gases:
- sobremesas e sucos após e durante as refeições;
  - frutas e sucos de frutas com pão (por exemplo, sanduíche com suco de laranja). Com o estômago vazio prefira a ingestão de frutas frescas;
  - ingerir diferentes proteínas na mesma refeição;
  - mistura de cereais (arroz com milho, aveia com trigo etc.), granolas;
  - tubérculos com cereais (batata ou mandioca com arroz).

Insônia

- Prefira refeições mais leves à noite.
- Coma salada de alface no jantar, mastigando-a bem.
- Faça a última refeição pelo menos duas horas antes de dormir.
- Tome chás calmantes (erva-doce, capim-santo, hortelã, raiz de alface).
- Mantenha o ritmo dos exercícios físicos.

Hemorróidas

- Evite frituras, gorduras em geral, manteiga, maionese, chocolate e pimenta.
- Caminhe regularmente.
- Fique de cócoras e contraia o períneo várias vezes.

10

O CONTATO COM O BEBÊ

Várias experiências terapêuticas têm mostrado que o contato com o bebê, que se estabelece entre o pai, a mãe e o feto desde o momento da concepção até o nascimento, feito de forma consciente e disciplinada, traz inúmeros benefícios para o desenvolvimento do bebê, tanto na fase intra-uterina quanto no pós-parto, além de facilitar o trabalho de parto.

Aprender a conversar com o bebê de modo sincero e receber as respostas dele tornam a gestação emocionante, contribuindo para aceitar uma gravidez inesperada, fortalecendo o vínculo entre os pais e o filho e colaborando decisivamente para um parto bem-sucedido.

No final de minha terceira gravidez descobri que meu bebê estava sentado. Como já estava na 37ª semana, o médico disse que eu me preparasse para um parto hospitalar, com riscos de cesárea. Imediatamente, iniciei um programa mais intenso de contato com o meu bebê, embora eu sempre conversasse com ele. Meu professor de ioga na época aliou-se a nós, e em cada aula eram enviadas mensagens ao bebê. Em casa, todas as noites, eu e meu companheiro mentalizávamos o bebê virando e nascendo de parto normal. Diariamente, sempre que lembrava, pedia para meu filhote ficar de cabecinha para baixo. Na 39ª semana, ao voltar ao médico, vimos que o bebê estava na posição correta e dois dias depois tive um excelente parto domiciliar...

Quando o bebê se mexe pela primeira vez no ventre da mãe, a emoção é muito grande e há a forte sensação de que realmente existe algo vivo dentro dela. Esta sensação permanece durante a gravidez inteira e vai se tornando familiar, não causando mais o impacto inicial. No entanto, quando a mulher se dirige mentalmente ao filho acariciando sua barriga, esta resposta vem de imediato por meio de um movimento que, novamente, dá à gestante aquela sensação emocionante. Este é o verdadeiro contato com o bebê, que pode ocorrer a qualquer momento do dia ou da noite. É fundamental que o pai participe deste processo. Com o decorrer da gestação, havendo esse contato consciente, os pais vão se tornando íntimos do filho que, ao nascer, não é aquela figurinha desconhecida, mas, sim, aquele ser com quem conversavam diariamente. O bebê, por outro lado, sente-se protegido e seguro, tendo um desenvolvimento mais rápido e um parto melhor. Vários estudos foram realizados a esse respeito, e você, se desejar, poderá aprofundar-se lendo os livros recomendados na bibliografia.

Durante a gravidez é muito importante que, além do contato informal com a criança, feito no dia-a-dia, quando alisamos a barriga ou enviamos pensamentos positivos de amor e confiança, também seja feito um exercício dirigido tanto na presença dos pais quanto das outras crianças da família. O exercício fortalece o contato, permitindo que o bebê tenha um momento especial para ele, o que é importante para seu bem-estar e seu desenvolvimento físico e emocional.

EXERCÍCIO 1: CONTATO COM O BEBÊ

Objetivo: Enviar conscientemente mensagens de amor e confiança ao bebê.

Função: Tornar-se mais íntima do bebê, fortalecendo o vínculo pais-filho e contribuindo para que o bebê se desenvolva saudavelmente.

Como fazer:

a) Entre em seu "espaço sagrado", coloque uma música especial que, após o nascimento, você vai usar para acalmar o bebê. Use sempre a mesma música.

b) Coloque-se confortavelmente na posição que preferir, sozinha ou na companhia do pai e das outras crianças ou membros da família que desejar.

c) Faça uma gravação ou peça que alguém leia para você a seqüência a seguir, de forma suave e pausada. O pai e as outras crianças acompanham a seqüência indicada focalizando a atenção no útero da mãe.

d) Durante toda a gestação, faça este exercício regularmente, escolhendo um horário em que você não esteja muito cansada e evitando dormir durante a prática. O contato deve durar pelo menos vinte minutos.

Seqüência

- Feche os olhos e volte sua atenção para o útero. Visualize esse órgão, que tem o formato de uma pêra, observando o tamanho que já alcançou em seu ventre.
- Visualize agora o seu bebê e o espaço que ele está ocupando em seu útero. Localize a placenta e o cordão umbilical azul, que liga o bebê à placenta.
- Devagar, vá observando cada parte do corpo do bebê, visualizando-o. Perceba o formato de sua cabecinha, a cor dos cabelos, o formato dos olhos, do nariz e da boca, a textura e a cor da pele. Perceba toda a silhueta do bebê observando o seu corpinho: peito, braços, mãos, dedos das mãos, órgãos sexuais, pernas, pés, dedinhos dos pés. Visualize suas costinhas, seu bumbum.
- Sinta seu coraçãozinho batendo. Deixe que a energia de amor de seu coração chegue até o dele. Transmita-lhe, nesse momento, tudo o que você deseja e converse com ele mentalmente.
- Quando sentir que nesse dia o contato foi suficiente, despeça-se do bebê imaginando que o está colocando para dormir.
- Volte a atenção para si mesma, sentindo seu coração e agradecendo por sua existência, por estar vivendo este momento tão bom e gratificante em sua vida.

- Devagar, vá voltando, mexendo pés e mãos e espreguiçando-se. Compartilhe, se quiser, os sentimentos que você teve neste exercício escrevendo ou conversando com seu parceiro e seus filhos.

VANTAGENS DO CONTATO COM O BEBÊ

- É importante para a saúde da criança e para o sucesso do parto.

- As mensagens que o bebê recebe no útero contribuem para que, no futuro, ele seja um indivíduo feliz ou triste, agressivo ou ponderado, seguro ou ansioso.

- Ter consciência desse contato é fundamental, pois o bebê capta os pensamentos e sentimentos que a mãe lhe envia automaticamente.

- Pensamentos positivos, emoções ricas de aceitação e alegria contribuem para o desenvolvimento afetivo da criança sadia.

- A criança reconhece a voz dos pais e de outros familiares ainda no útero.

- Ao nascer, a criança se acalma quando ouve uma música que a mãe colocava para relaxar ou que simplesmente ouvia durante a gravidez.

- Os pais, pelo fato de terem treinado a comunicação com o filho no útero, tornam-se mais sensíveis às suas necessidades após o nascimento, sentindo-se mais confiantes.

11

SEIOS E ALEITAMENTO

Um dos principais sinais de que a gravidez foi confirmada é o aumento dos seios. Eles se tornam quentes, sensíveis e aumentam de tamanho mês a mês. Saber cuidar dos seios desde o início da gravidez para prepará-los para o aleitamento é um item muito importante no planejamento consciente para o parto. Muitas mulheres não conseguem amamentar porque não têm leite ou por problemas com o mamilo plano ou invertido. Há exercícios que, feitos regularmente durante a gestação, permitirão que o aleitamento ocorra de forma satisfatória, corrigindo os mamilos.

Outras questões internas da mulher, ligadas ao período em que, ainda bebê, ela mesma estava sendo amamentada, como foi tratada quando criança pelos seus pais e sua iniciação sexual na adolescência podem interferir no aleitamento. Aleitar faz parte da vida sexual da mulher, e bloqueios antigos nesta área podem impedir que o ato de amamentar seja realizado de forma natural e prazerosa. Por isso, é muito importante desvendar estes mistérios durante a gravidez conversando com seu médico, com outras mulheres e çom o seu parceiro; freqüentando um grupo de preparação para o parto, lendo a respeito e, se necessário, buscando auxílio terapêutico para superar bloqueios que você possa ter que venham a interferir num aleitamento saudável.

Amamentar, além de ser instintivo, é algo que a gente vai aprendendo, um exercício de disponibilidade, entrega e pa-

79

ciência. Foi assim que aconteceu comigo. Mal preparada e ansiosa, só consegui amamentar meu primeiro filho por dois meses, pois julgava que meu leite era insuficiente. Hoje percebo que foi a minha ansiedade que produziu este sentimento. Mais tarde, quando tive meus outros filhos, a experiência foi mais positiva e amamentei por pelo menos seis meses cada um deles. Minha última filha foi amamentada por oito meses, pois eu estava mais à vontade, relaxada e confiante. Meu leite era realmente o melhor que ela poderia receber...

Ao nascer, além de começar a respirar, o bebê sente fome e procura o seio materno. No início, suga-o com força, e a mulher sente seu mamilo doer. Por isso é importante preparar os seios para o aleitamento, evitando rachaduras e outras complicações.

A força que o bebê faz para mamar é responsável pela produção do leite. Segundo a *biocibernética bucal*,[1] a sucção depende da força muscular e da força de vontade da criança. Essa força indica a capacidade de luta, de resolução, de atitude, de postura e de equilíbrio.

Se a criança se esforça, suga e deixa de sugar quando saciada, ela está em equilíbrio e aprenderá a forma correta de deglutição, mantendo sua língua na posição certa, bem como a posição da mandíbula e da cabeça e, conseqüentemente, do corpo. Crescerá e se desenvolverá em equilíbrio, de forma correta e harmônica... A mamadeira, por mais balanceada que seja em termos nutricionais, não equivale ao leite materno, pois a mecânica, a fisiologia da deglutição e da sucção não ocorrem como deveria. E a posição, em geral colocando-se a criança para amamentar deitada, modifica a postura de língua, da mandíbula e da deglutição, o que se torna hábito para o resto da vida, orientando incorretamente seu crescimento e seu desenvolvimento.

A amamentação é, sem dúvida, um fator determinante da postura humana. Nutre a criança de forma física, mental, emocional e espiritual, suprindo suas necessidades de afeto, amor, sensualida-

---

1. BALDANI, M. F., e FIGUEIREDO, D. *Biocibernética bucal*. São Paulo, Ciberata, 1972.

de, segurança. Além de saciar a fome, é o primeiro prazer, o primeiro orgasmo, o primeiro ato de afeto, a primeira relação sexual. Por isso, é um assunto tão amplo que deve ser mais pesquisado em livros específicos. Aqui vamos nos limitar aos cuidados básicos essenciais para que você se prepare e desfrute de um bom aleitamento.

PREPARANDO OS SEIOS PARA AMAMENTAR

Cuidados diários

- No banho, evite passar sabonete nos mamilos e esfregue-os suavemente com uma bucha vegetal.
- Ao enxugar-se, faça uma fricção com a toalha de banho nos mamilos, tornando-os mais resistentes.
- Sempre que possível, tome banho de sol nos seios. Prefira o sol das dez horas da manhã ou após as 16 horas.
- Massageie os seios com a ajuda de um óleo, fazendo pressão para os lado e puxando o bico do seio para fora, de dez a vinte vezes.
- Se o bico do seu seio for plano ou invertido, você deve fazer exercícios específicos, bem orientados, para corrigir este problema. Procure a ajuda de um profissional especializado.

PASSOS PARA OBTER SUCESSO NO ALEITAMENTO[2]

1. Acredite que não existe leite fraco.
   Todo leite materno é forte e adequado para o crescimento e desenvolvimento do bebê até os quatro ou seis meses de vida. Nessa fase, o bebê não precisa de outro alimento. A produção de leite no primeiro dia é pequena. Esse leite,

---

2. Extraído do folheto "Amamentar torna a vida mais bonita", Ministério da Saúde, Instituto Nacional de Alimentação e Nutrição, Programa Nacional de Incentivo ao Aleitamento Materno — PNIAM.

chamado colostro, é transparente ou amarelado, tem alto valor nutritivo, é suficiente para as necessidades do bebê e age como uma vacina, protegendo-o contra doenças. Se o bebê chorar, verifique se está com fome, molhado ou se necessita de colo e carinho.

2. Saiba que quanto mais o bebê mama, mais leite você produz. Sugar o peito é o que estimula a produção de leite. Por isso, não dê ao seu filho chás, água, sucos ou outro leite nos quatro ou seis primeiros meses de vida. Começar a mamar desde a sala de parto facilita a descida rápida do leite. Procure manter o bebê ao seu lado, do nascimento até a alta. A criança que mama no peito várias vezes, dia e noite, não necessita de mais nada. Dê os dois peitos a cada mamada.

3. Coloque o bebê na posição correta para mamar. Para que o bebê sugue bem, ele deve estar em posição de poder abocanhar não só o mamilo (bico do peito), mas grande parte da auréola (parte escura do peito). Quando a criança pega o peito corretamente, com a boca bem aberta, o leite flui em quantidade suficiente, a criança engole tranqüilamente e a mãe não sente dor.

4. Cuide adequadamente das mamas. Para evitar rachaduras, não lave os mamilos antes e depois das mamadas. Basta o banho diário, devendo ser evitado o uso de sabonete nos mamilos. O próprio leite protege a pele, prevenindo infecções. Não use pomadas nem cremes nos mamilos. A exposição das mamas ao sol durante quinze minutos pela manhã também ajuda a prevenir rachaduras. Troque o sutiã quando estiver molhado.

5. Retire leite quando for necessário (ordenha). Evite que a mama fique muito cheia e pesada. Se isso acontecer, lave bem as mãos, faça massagens circulares com as pontas dos dedos, pressionando as mamas, do mamilo para a base. Depois, coloque os dedos onde termina a auréola e aperte com cuidado até o leite sair. Guarde o leite em frasco fervido por dez minutos, na geladeira (24 horas) ou

freezer (20 dias) ou doe a um Banco de Leite Humano. Aqueça-o em banho-maria.

Na falta de geladeira, o leite poderá ser guardado até seis horas em local fresco, e ser dado ao bebê com um copinho ou colher, quando a mãe não estiver em casa.

6. Nunca use bicos, chupetas, chuquinhas ou mamadeiras. O uso desses objetos deve ser evitado, pois prejudica a amamentação. Os bebês que tomam mamadeira acabam largando o peito.

7. Tome líquidos, alimente-se e descanse sempre que possível. A mãe que amamenta deve tomar líquidos em abundância, melhorar sua alimentação, dormir ou descansar sempre que possível e receber apoio da família e da comunidade, para ter condições de aleitar, evitando as preocupações.

8. Só tome medicamentos com ordem médica. A mulher que amamenta só deve tomar medicamentos quando orientada pelo médico ou profissional de saúde habilitado.

9. Continue a amamentação, se possível, até os dois anos de idade. A ciência recomenda que todo bebê deve ser amamentado exclusivamente no peito até o quarto e o sexto mês de vida e continuar até os dois anos de idade, ao mesmo tempo em que são introduzidos novos alimentos adequados para a criança. Mesmo doente a criança deve ser amamentada, pois isto contribuirá para que seu restabelecimento seja mais rápido.

A POSTURA PARA AMAMENTAR

Sabemos que o parto deitado não é fisiológico e que esta postura foi adotada, com o decorrer do tempo, nas sociedades civilizadas. A mesma reflexão deve ser feita com relação ao aleitamento.

Os índios, os animais e os primitivos amamentam os filhos em postura vertical. Em nossa sociedade, 99% das crianças são amamentadas deitadas.

Comparando estas duas posturas temos:[3]

BEBÊ DEITADO	BEBÊ SENTADO OU EM PÉ
A mandíbula é projetada para trás junto com a língua, bloqueando parcialmente a passagem do ar, dificultando a respiração. O bebê engole ar, principal causa de gases.	O bebê não passa por sensação de angústia e sufocamento devido à má respiração. O bebê não engole ar, evitando gases. A possibilidade de dormir, interrompendo a mamada, é menor. A mandíbula é projetada para a frente, fazendo com que o bebê faça esforço para sugar o leite, tornando-o mais independente.

Além disso, para colocar o bebê para mamar, em pé ou sentado, a mãe deve estar com a coluna ereta, podendo recuperar-se mais facilmente da lordose funcional fisiológica adquirida durante a gravidez.

Além da postura, precisamos estar atentos também a outros aspectos que estão contribuindo para a informação e para a formação deste ser que está sendo amamentado, como a imagem da mãe que ele está registrando, a troca de olhares, de afeto, o toque, as sensações de prazer, as energias circulando entre os corpos que, em muitos momentos, estão formando um só.

---

3. CUNHA, E. L. "O ato de mamar é para o ser inteiro", *Jornal de Alquimia*. São Paulo, 1993.

Posturas recomendadas para amamentar o bebê, em posição vertical[4]

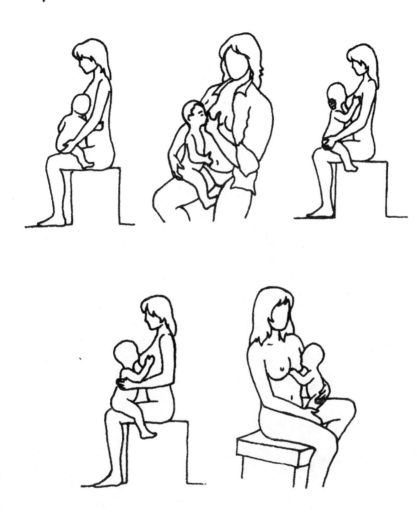

---
4. Segundo CUNHA, E. L., *opus cit.*

12

O PARTO: O ÁPICE DA EXPERIÊNCIA

Desde o primeiro momento da gravidez, todas as atenções são dirigidas para o parto, para que ele transcorra com sucesso. Mesmo não sendo o único acontecimento importante da gestação, é, sem dúvida, o que determina o seu sucesso.

A preparação para o parto é básica. Havendo preparação, a mulher, o casal e a equipe de saúde terão mais tranqüilidade para acompanhar o parto, pois a seqüência de acontecimentos fisiológicos é previsível e estar a par deles facilita o trabalho.

O parto divide-se em três fases:

- dilatação;
- expulsão;
- eliminação da placenta.

FASE DA DILATAÇÃO

O colo do útero começou a se dilatar. Com a falta de espaço intra-uterino o bebê está pronto para nascer. Ele começa a forçar o colo do útero que vai se abrindo, desencadeando o trabalho de parto.

O que caracteriza este trabalho são as contrações uterinas regulares, ou seja, acontecem em intervalos de tempo iguais. O intervalo entre uma contração e outra vai diminuindo aos poucos e a duração das contrações aumenta gradativamente. Por exemplo, um trabalho de parto pode começar com contrações de vinte segundos de duração, com intervalos de quinze minutos. Duas horas depois, as contrações poderão ter quarenta segundos de duração e intervalos de cinco minutos.

Um dos primeiros sinais de que o trabalho de parto está próximo é a saída do muco, que é uma espécie de "rolha" ou "cola" da abertura do colo do útero. Esse muco pode demorar dias para sair totalmente ou pode ser eliminado pouco antes do trabalho de parto.

O rompimento da bolsa é um sinal de que o parto está próximo, podendo-se aguardar até 24 horas sem problemas, dependendo do estado geral da mulher e do bebê. A bolsa pode permanecer intacta durante toda a fase de dilatação do parto, rompendo-se apenas na fase de expulsão.

No início da dilatação as contrações podem passar desapercebidas por algumas mulheres, e chegam a durar vários dias. Por isso, no final da gravidez muitas mulheres vão fazer o exame de rotina do pré-natal e constatam que estão com três ou quatro centímetros de dilatação. Assim sendo, as contrações vão ficando gradativamente mais fortes; quando acompanhadas pela respiração clavicular superior ou peitoral (descrita no capítulo sobre respiração) podem tornar-se mais fáceis.

Durante a fase de dilatação, se o parto for domiciliar ou em ambiente sem restrições convencionais, a mulher pode adotar a posição que preferir, ficando em pé, de quatro, andando, apoiando-se em almofadas, recostando-se com as pernas dobradas ou assumindo uma outra posição que considere confortável. A pior delas, e menos aconselhável, é ficar deitada ou imóvel. Andar durante os intervalos das contrações ajuda muito. Banhos quentes de imersão ou de chuveiro, ou uma bolsa de água quente nos quadris são reconfortantes, pois aliviam a sensação de dor causada pelas contrações na parte baixa das costas, devido à abertura dos ossos da bacia. Os banhos, portanto, ajudam a relaxar e dão uma sensação de bem-estar e leveza, preparando a mulher para a fase de expulsão. Massagens na região dos quadris e pressão dos dedos em pontos do meridiano do útero (shiatsu) facilitam o trabalho de parto.

São também recomendados banhos de ervas. Para mulheres nervosas e ansiosas com relação ao desencadeamento do parto, um banho de capim-santo ou de erva-cidreira é bom. Para aquelas que estão abatidas precisando elevar os ânimos, recomenda-se um banho de eucalipto, que revigora, ou de alecrim, que estimula.

A presença de pessoas amadas, um ambiente tranqüilo e acolhedor, afeto, apoio e liberdade para expressar os movimentos e sentimentos são aspectos importantes para que a mulher consiga dilatar. Muitas não conseguem completar a dilatação devido ao ambiente hostil, ao tratamento distante, às rotinas desnecessárias, à obrigatoriedade de ficar deitada, à falta de apoio da equipe de saúde e à solidão. Nessas circunstâncias pode haver necessidade de uma cesárea. Mesmo que esta se torne necessária, é importante ressaltar a importância da humanização do nascimento, que tem como um dos objetivos tornar o parto um momento confortável e prazeroso para a mulher.

FASE DE EXPULSÃO

Completada a dilatação, entre nove e dez centímetros, inicia-se a fase de expulsão. O tipo de contração se altera, passando a ter um "jeito" diferente e dando uma grande vontade de fazer força. Essa vontade pode ser sentida anteriormente aos sete ou oito centímetros de dilatação, conhecida por "fase de transição", finalizando a dilatação e iniciando a expulsão.

Nesse momento, a respiração é diafragmática, segurando-se o ar e fazendo força para baixo, concentrando a atenção no períneo, que deve estar relaxado. Deve-se fazer força apenas durante as contrações. Algumas mulheres não conseguem deslocar a força para baixo, concentrando-se no pescoço, por exemplo. Por isso é tão importante ter consciência da região do períneo, fazendo os exercícios recomendados.

A fase de expulsão do parto é bastante instintiva. Quanto mais perto do instinto a mulher estiver, mais fácil será sua entrega, porque à medida que prossegue esta fase, mais o bebê estará próximo de concluir a travessia por este canal estreito e escuro que o trará à luz. O bebê é massageado pelas paredes da vagina e contribui ativamente para sair.

Após algumas contrações fortes e com a força bem dirigida, o bebê coroa, ou seja, sua cabecinha é vista na entrada da vagina.

Neste momento não há mais nada a fazer a não ser relaxar o períneo e se entregar totalmente para sentir a saída da cabecinha e, em seguida, seu corpinho escorregando para fora. É uma sensação maravilhosa, comparada a um orgasmo profundo.

FASE DE ELIMINAÇÃO DA PLACENTA OU DEQUITAÇÃO

Depois que o bebê nasce, recomenda-se esperar o cordão umbilical parar de pulsar para cortá-lo, garantindo com isso a normalização da respiração pulmonar do recém-nascido.

Enquanto isso, deve-se colocar carinhosamente o bebê, de barriga para baixo, no colo da mãe, levando-o ao seio para amamentar, sem pressa, em silêncio e com muito amor. O normal é que, entre vinte e quarenta minutos após a fase de expulsão, a placenta se descole e seja expelida em uma ou duas contrações leves. Se demorar mais, será necessário recorrer a procedimentos médicos. A amamentação precoce colabora com este fato, pois contrai o útero. A placenta deve sair inteira, pois seus resíduos podem causar complicações graves.

Há vinte e dois anos tive meu primeiro filho, na Inglaterra. Naquela época já se praticava lá o que atualmente estamos reivindicando aqui no Brasil. Atendida pelo clínico geral do serviço público, fui encaminhada a um grupo de preparação para o parto. Recebia visitas mensais da parteira (midwife) em minha casa. Conheci o hospital onde o bebê iria nascer dois meses antes do parto. Quando entrei em trabalho de parto, fiquei em um quarto comum com o meu marido, livre para estar na posição que desejasse. Como meu bebê estava sentado, quem fez o parto foi o médico de plantão e, apesar de ser meu primeiro filho, tive um parto pélvico normal. Meu bebê foi imediatamente colocado em minha barriga, olhou-me nos olhos e, instintivamente, procurou meu seio e começou a mamar familiarmente, como se já fizesse isso há anos...

O QUE É BOM PARA A FASE DE DILATAÇÃO DO PARTO

- Manter o ambiente tranqüilo, alegre e descontraído.
- Fazer a respiração peitoral durante as contrações.
- Ficar em posição confortável.
- Caminhar e/ou relaxar nos intervalos das contrações.
- Tomar banhos quentes.
- Conversar sobre o que está sentindo.
- Estar acompanhada por pessoas que ama.
- Receber apoio e afeto.
- Ser massageada nas costas, nos quadris e nos pontos do meridiano do útero, que facilitam a dilatação.
- Manter pensamentos positivos.
- Acompanhar os batimentos cardíacos do bebê.
- Tomar mel, sucos de frutas e água, se sentir necessidade.

O QUE ATRAPALHA A DILATAÇÃO

- Ficar imóvel e deitada.
- Estar sozinha e sem apoio.
- Ser "tocada" várias vezes para conferir a dilatação.
- Ouvir comentários desagradáveis e pessimistas.
- Desconhecer o processo fisiológico do trabalho de parto.
- Ter bloqueios sexuais.
- Possuir traumas de nascimento.
- Achar que parto é sofrimento.
- Não respirar adequadamente durante as contrações.
- Estar em um ambiente pouco atraente e desconfortável.
- Ter pensamentos negativos.
- Sentir medo.

TIPOS DE PARTO

Normal: Parto pela via vaginal.

Cesáreo: Parto cirúrgico, devendo ser realizado apenas quando indicado.

O parto normal pode ser:

Domiciliar: Quando ocorre na casa da parturiente.

Hospitalar: Acontece no hospital ou maternidade.

Domiciliar com as vantagens do hospital: São aqueles que acontecem nas Casas de Parto.

VANTAGENS DO PARTO NORMAL

Para você

- Recuperação mais rápida, voltando a andar logo após o parto, prevenindo inflamações nas veias das pernas e outros problemas circulatórios.
- Menos risco de infecção.
- Menor possibilidade de hemorragia, evitando o risco de transfusões de sangue.
- Maior disposição e facilidade para amamentar e cuidar do bebê.
- Menos dor, podendo curtir melhor o bebê.
- Menos complicações urinárias e abdominais.
- A relação afetiva entre mãe e filho se fortalece mais rápido.

Para o seu bebê

- Menor risco de nascer antes do tempo.
- Menos problemas respiratórios.
- Maior possibilidade de ser amamentado mais cedo.
- O bebê nasce mais alerta e reage a estímulos do meio ambiente.
- Menor risco de apresentar deficiências mentais e neurológicas.
- Menos risco de contrair doenças neonatais.

DICAS IMPORTANTES PARA UM BOM PARTO

- Procurar um(a) médico(a) que seja conhecido(a) por dar preferência a partos normais. Escolher cuidadosamente um profissional bem conceituado é um passo importante para ter um parto normal.
- Fazer consulta pré-natal no posto de saúde ou no consultório médico ao menos uma vez por mês.
- Procurar um grupo de preparação para o parto ou praticar as recomendações deste guia o mais disciplinadamente possível.
- Conhecer a maternidade que você escolheu para ter seu bebê antes do parto. Familiarizar-se com as instalações, visitar os quartos e a sala de parto. Inteirar-se das rotinas, bem como se há berçário ou não. Preferir maternidades e/ou casas de parto que sigam as normas do parto humanizado.
- Fazer exercícios de visualização do parto o mais freqüentemente possível.
- Lembre-se: o bebê pode nascer até dez dias antes ou depois da data provável.
- Se quiser fazer parto domiciliar, procure um médico que compartilhe de suas idéias e esteja disposto a acompanhá-la. Organize um esquema hospitalar para que seja acionado caso haja necessidade.

EXERCÍCIO 1: VISUALIZAÇÃO DO PARTO

Objetivo: Viver o parto de forma tranqüila.

Função: Familiarizar-se com o processo fisiológico, emocional e instintivo do parto.

Como fazer:

a) grave a seqüência abaixo ou peça que alguém a leia de forma suave e pausada para você;

b) prepare seu "espaço sagrado" acendendo velas e incenso, colocando o som que você escolheu para o trabalho de parto;
c) coloque-se na posição que desejar e escute a seqüência abaixo. Mude de posição quando sentir necessidade e manifeste-se falando, gemendo e fazendo o que lhe der vontade;
d) ao terminar, relaxe. Se quiser, escreva os seus sentimentos e o que se passou durante o exercício, observando seus progressos em relação ao medo do parto, ao seu conhecimento sobre a fisiologia do parto e outros itens que achar importantes;
e) sinta que cada vez que faz esta visualização as imagens vão ficando mais nítidas e os processos do parto mais naturais. O medo se dissipa completamente.

SEQÜÊNCIA DO EXERCÍCIO DE VISUALIZAÇÃO DO PARTO

- Visualize o colo do útero se abrindo ajudado pela pressão da cabeça do bebê empurrando para baixo.
- Sinta, deslizando por sua vagina, um tampão mucoso, com aspecto de clara de ovo, com vestígios de sangue.
- Respire profundamente e deixe seu corpo ficar o mais confortável possível. As contrações estão se tornando mais longas, fortes e regulares.
- Você sente necessidade de caminhar nos intervalos das contrações e, quando ela vem, agora cada vez mais forte, você se concentra totalmente em sua respiração, deixando que o colo do útero se dilate mais e mais...
- Entre em uma banheira com água quente e sinta o conforto que proporciona relaxar na água, sentindo que agora seu colo está com quatro, cinco ou seis centímetros de dilatação.
- Alguém lhe massageia as costas e os quadris no intervalo de uma das contrações mais fortes até agora. Você começa a sentir vontade de fazer força, mas não tem certeza se é isso mesmo.
- Agora a dilatação está em seis... sete... oito centímetros. É a fase de transição que se inicia; logo você entrará no pe-

ríodo de expulsão. Com coragem, você se concentra mais em sua respiração, mantendo seu pensamento firme e entregando-se a esta força que vai tomando conta do seu corpo.

- A dilatação está completa. O bebê vem descendo pela sua vagina. A cada contração você respira, segura o ar e faz força como para fazer cocô, soltando o ar devagar.
- Confiante e com energia, você aproveita plenamente cada contração. Concentra sua força lá embaixo, empurrando para o bebê descer.
- Sua vagina, como uma flor, se abre mais, dando passagem para o bebê que já está quase coroando.
- Sinta-o com as mãos, viva conscientemente este momento maravilhoso. Outra contração e, relaxando seu períneo, você se entrega ao ápice desta experiência: a cabeça do bebê atravessa sua vagina e seu corpinho desliza em seguida.
- Sinta a emoção, a alegria deste momento, que pode ser o melhor de sua vida, o orgasmo mais pleno, mais profundo...
- Seu bebê é colocado em sua barriga e vocês se olham profundamente. O cordão continua pulsando e, instintivamente, você lhe oferece seus seios, ajudando-o a abocanhar os mamilos e começar a sugar.
- Seu útero se contrai novamente e elimina a placenta, que sai inteira. Você se sente leve, o cordão umbilical é cortado e sua vagina está intacta, apenas um pouco ardida...
- Sua felicidade é intensa, seu encontro com este ser está apenas começando.
- Relaxe e vá voltando devagar.

13

GUIA DE CUIDADOS NO PÓS-PARTO

As horas seguintes ao parto são muito intensas para a mulher, tirando-lhe o sono e trazendo-lhe um estado de alegria e excitação. Este é um momento para curtir o bebê, sentindo-o pele a pele, iniciando o aleitamento, tendo o máximo de contato, de preferência nus, mãe e filho, pelo tempo que desejarem, até que se conheçam bem.

Evite tomar remédios ou calmantes para dormir após o parto para que possa desfrutar desse momento. Muitas mulheres entram em depressão pós-parto como resultado desta rotina que pode interferir na confiança da mãe em relação ao filho.

As visitas pós-parto devem ser limitadas e bem escolhidas. Lembre-se de que você está vivendo um momento de fragilidade e de transformação, e é necessário que esteja calma e centrada. O bebê também está vivendo processos internos de adaptação física e emocional, necessitando estar o mais próximo possível da mãe. A partir do nascimento ambos estarão vivendo o que chamo de "quarto trimestre da gravidez". Na realidade, a barriga agora está do lado de fora!

Depois que meus bebês nasciam, eu sentia um misto de alegria e cansaço. A barriga não estava mais lá, o peito ficava enorme e eu não sabia mais o que era noite ou dia... Perdia a noção do tempo amamentando, cuidando do bebê e curtindo essa paixão que acontece quando a gente se encontra cara a cara com este pequenino ser. Só lá pelo meio do segundo mês é que as coisas voltavam ao normal. Não é à toa que nossas avós falavam da quarentena. Como ela é necessária!

Recomendo que a mãe tenha os seguintes cuidados consigo mesma

- Fazer o horário do bebê sempre que possível, dormindo e acordando com ele.
- Ter ajuda extra para os trabalhos domésticos.
- Tomar bastante chá, líquidos e ter uma dieta especial para o aleitamento.
- Ter uma cadeira confortável e gostosa para amamentar e almofadas suficientes para recostar-se em sua cama para as mamadas da noite. Lembre-se de que o aleitamento equivale a uma jornada de trabalho e é importante estar confortável. Verifique quanto tempo você gasta por dia dando de mamar, colocando o bebê para arrotar e trocando as fraldas e verá que são necessárias muitas horas para tais tarefas.
- Manter seu "espaço sagrado" e iniciar uma disciplina diária de trabalho corporal quinze dias após o parto normal e um mês após a cesárea. Caminhadas, exercícios de respiração, algumas posturas de ioga, massagem e relaxamento são importantes para que você esteja bem-disposta, tranqüila e com muito leite para amamentar o bebê.

Quando estamos realmente conectadas, nossa energia é vibrante e temos ótima disposição

A convivência com o bebê é tão intensa que, depois que ele nasce, também temos necessidade de ficar sozinhas por alguns momentos ao longo do dia. O ato de amamentar e todos os cuidados com ele consomem muita energia. Por isso, dê-se um tempo enquanto o bebê estiver dormindo ou no colo de alguém em quem você confie.

Volte-se para si mesma e reflita sobre esse intenso período de sua vida. Observe como está sua convivência com as outras pessoas ao seu redor. Se sua mãe veio para ajudar, sua presença, nesse momento, pode estar lhe trazendo lembranças ou reforçando programações que você quer desfazer. Procure trabalhar seus conflitos internos entrando em contato consigo mesma e com seu eu superior, buscando energia renovada e paz interior. Essa paz a ajudará a viver seu novo papel de mãe sem perder sua individualidade de mulher, de ser.

Cuidados com o bebê no pós-parto

- Coloque seu bebê dormindo com você ou ao seu lado nos primeiros dias após o parto, para que o contato seja mais intenso e confortável.
- Use cestos feitos com materiais naturais e menores que um berço comum para os primeiros dois ou três meses de vida do bebê. As redes e cestas que balançam lembram os movimentos uterinos, o que poderá relembrá-los da sensação de proteção. Os berços amplos dão a sensação de abandono e solidão.
- Permita o contato pele a pele com o bebê durante o banho e o aleitamento.
- Quando estiver amamentando, procure deixar o bebê sugando o tempo que ele desejar e aguarde o tempo necessário para que ele arrote. Isso evitará cólicas e choros indesejáveis.
- Segure o bebê no colo, colocando-o junto ao seu coração, para que ele se lembre do período em que estava no útero. Isso preenche suas necessidades de segurança e apoio e, se você faz isso de forma tranqüila, seu bebê se adapta ao mundo com alegria, chorando muito menos.
- Aprenda *Shantala* (massagem para bebês) e faça-a diariamente. Não é preciso dominar completamente a técnica; basta conhecer uma seqüência de movimentos e fazê-la de forma intuitiva e com amor. O livro *Shantala*, de Frederick Leboyer, ajuda muito, e há profissionais espe-

cializados em massagem para bebês que podem ser consultados.

- Evite ambientes ruidosos como supermercados, *shoppings*, trânsito intenso, festas, salas de televisão ou som muito alto. O ideal é manter o bebê, sempre que possível, em espaços mais tranqüilos.
- Coloque as músicas que eram usadas no contato com o bebê enquanto você estava grávida para que ele se acalme quando estiver agitado ou na hora de dormir.
- Quando for inevitável sair com o bebê para lugares ruidosos, na volta prepare um banho com ervas aromáticas que ajudam a relaxar e limpar a energia negativa, motivo de choros inexplicáveis. Faça um chá forte de erva cidreira, capim-santo ou eucalipto e adicione à água do banho.
- A aromaterapia é também um excelente recurso para acalmar o bebê. Tenha à mão alguns óleos essenciais, como de rosas, alecrim, hortelã e outros que, utilizados em recipiente apropriado, deixam um suave aroma no ar, acalmando a criança.
- Lembre-se de que o bebê também necessita de seu "espaço sagrado", um cantinho limpo, arejado, aconchegante e confortável, em que ele se sinta amado e seguro, como nos tempos em que vivia no útero!

CONCLUSÃO

E agora, uma palavra final neste *Lobas e grávidas*. Voltando ao livro que inspirou o título deste guia, *Mulheres que correm com os lobos*, recomendo que as normas gerais para a vida dos lobos sejam seguidas por nós, mulheres, em qualquer fase da vida. Elas ajudam a nos conectar com o instinto e trazer para fora a mulher selvagem enrustida dentro de nós. Isto certamente contribuirá para vivermos a gestação, o parto, o aleitamento e outras fases de nossas vidas de forma integral, saudável e feliz.

Aí vão elas:

Alimente-se

Aprenda a escolher e preparar seus alimentos. Varie as qualidades. Valorize as cores e as combinações. Prefira alimentos ricos em energia vital.

Descanse

Aprenda a ouvir seu corpo. Quando tiver sono, durma. Quando estiver cansada, descanse. Descanse de tudo: das rotinas, de ficar em pé ou de ficar sentada, de dirigir, de ter de fazer isso ou aquilo. Simplesmente, descanse do que estiver lhe cansando.

Perambule nos intervalos

Passeie, veja vitrines, saia para visitar os amigos, perambule nos parques com seus filhos, caminhe sem nenhum compromisso, sentindo o aroma do ar, dentro de casa, fora de casa, onde quer que queira perambular.

Seja leal

Seja leal consigo mesma, com seu coração, em primeiro lugar. Seja leal com o companheiro, filhos, amigos... Seja leal com os compromissos que assumiu. Seja leal com tudo aquilo que você acha que é ser leal.

Ame seus filhos

Compreenda que cada filho é um, único, que não dá para tratar todos da mesma forma, que cada um tem seus gostos e preferências, que cada um tem uma alma.

Queixe-se ao luar

Queixe-se, peça e agradeça ao luar, silenciosa e intimamente. A lua tem ouvidos, acredite. E deixa o coração da gente bem mais leve.

Apure os ouvidos

Esteja atenta, alerta para vozes, sons, sinais, cantos e contos ao seu redor. Lembre-se: nada é por acaso, por isso, ouça. Aprenda a ouvir.

Cuide dos ossos

Cuide-se. Faça exercícios, caminhadas, pratique esportes. Relaxe, dance. Evite fumo, drogas, refrigerantes, açúcar branco. Respire profundamente.

Faça amor

Com um amante ou consigo mesma. Descubra o potencial de prazer que existe em seu corpo e desfrute dele, sem medo e sem vergonha.

Uive sempre

Como uma loba, uive em alto e bom som. Se estiver no trânsito ou dirigindo, feche os vidros, ponha um som e uive bem alto. Debaixo do chuveiro, lavando louça... Acostume as pessoas ao seu redor aos seus uivos. Eles aliviam o estresse, abrem o peito, desabafam, fazem bem para o corpo e para a alma. Procure um lugar na natureza para uivar. Eu recomendo debaixo de uma deliciosa cachoeira!

BIBLIOGRAFIA RECOMENDADA

Livros sobre preparação para o parto

Parto ativo, Janet Balaskas. São Paulo, Ground, 1993.
Dar à luz... renascer, Lívia Penna Firme Rodrigues. São Paulo, Ágora, 1997.
Se me contassem o parto, Fréderick Leboyer. São Paulo, Ground, 1998.
Parto de cócoras, Moyses Paciornick. São Paulo, Brasiliense, 1993.
Nove luas, lua nova, Maria Eliza Maciel e outras. Rio de Janeiro, 1991.
Nascido no mar, Cris Griscom. São Paulo, Siciliano, 1989.

Livros sobre o contato com o bebê

A vida secreta da criança antes de nascer, T. Verny. São Paulo, José Salmi, 1991.
O início da vida, Eva Marnie. São Paulo, Best Seller, 1989.

Livros sobre sexualidade

A arte do êxtase, Margo Anand. Rio de Janeiro, Campus, 1992.
A arte da magia sexual, Margo Anand. Rio de Janeiro, Campus, 1996.
Tantra, o culto da feminilidade, André Van Lysebeth. São Paulo, Summus, 1994.

MÚSICAS INDICADAS PARA OS EXERCÍCIOS

Para os exercícios de relaxamento e contato com o bebê, as músicas lentas e suaves do tipo *new age* são as mais indicadas.

Para exercícios físicos e massagens, as músicas xamânicas levam a um relaxamento mental. Em ambos os casos, a escolha e a preferência de cada um é o que vai definir o que ouvir. Eis aqui algumas sugestões:

New age

Sacred Space Music — Constance Denby
Kiss the Forest — Kim Menzer e Lars Trier
Planeta Nova Era — volumes 1, 2, 3, 4, 5, 6 e 7.

Xamânicas

Shamanic Dream — Anugama
Prayer for the Wild Things — Paul Winter

RESUMO DAS RECOMENDAÇÕES DA ORGANIZAÇÃO MUNDIAL DE SAÚDE (OMS-96) SOBRE HUMANIZAÇÃO DO PARTO[1]

Ainda no pré-natal

- Planejar *onde* e *como* o nascimento será assistido, ainda durante a gestação, e comunicar o companheiro e a família.
- Avaliação do risco durante o pré-natal, reavaliando a cada novo contato, e durante o trabalho de parto.
- Monitoramento do bem-estar físico e emocional da mulher.
- Respeitar a escolha da gestante sobre o local de nascimento.
- Prestar informações sempre que necessário.

Na admissão

- Respeitar o direito de privacidade da mulher.
- Respeitar a escolha do acompanhante.

Durante o trabalho de parto

- Oferecer fluido via oral.
- Dar suporte emocional empático.

---

1. SAFE MOTHERHOOD. *Care in normal birth: A practical guide.* Geneva. WHO/FRH/MSM/96.24. Traduzido e adaptado por Daphne Rattner, Grupo de Estudos sobre Nascimento e Parto, Instituto de Saúde, SES-SP.

- Prestar informações sempre que necessário.
- Uso único de materiais descartáveis.
- Respeitar o direito à opinião sobre a episiotomia.

Posição durante o trabalho de parto

- Encorajar posição não deitada.
- Liberdade de posição e movimento.

Controle da dor

- Alívio da dor por métodos não-invasivos, não-farmacológicos (massagens, técnicas de relaxamento).

Monitoramento

- Do bem-estar físico e emocional da mulher.
- Fetal, por ausculta intermitente.
- Do progresso do trabalho de parto por meio de partograma.

Prática durante o trabalho de parto

- Uso de luvas no exame vaginal.

Uso de ocitócitos

- Uso de ocitocina no terceiro estágio se há risco de hemorragia.

Após a dequitação

- Exame de rotina da placenta e da membrana.
- Corte de cordão com material esterilizado.
- Prevenção de hipotermia do bebê.
- Contato pele a pele precoce.
- Amamentação na primeira hora.

Lívia Penna Firme Rodrigues, também conhecida como Pavitra, é nutricionista, com mestrado em Saúde Pública, e foi professora universitária no Curso de Nutrição da UnB e UFRN. Há quinze anos dedica-se à preparação para o parto. Membro da Rede pela Humanização do Nascimento (Rehuna) e da Rede de Parteiras Tradicionais, publicou seu primeiro livro pela Editora Ágora em 1997, intitulado *Dar à Luz... Renascer — gravidez e parto*, em que coloca de forma poética a gravidez e os partos de seus cinco filhos.

Apaixonada pelo tema e autodidata, elaborou este manual, cujo objetivo é diminuir a quantidade de cesáreas no Brasil por meio da conscientização da mulher e do casal sobre a importância da preparação para o parto.

Atualmente, Lívia é presidente da ONG "Casa da Luz", sediada em Alto Paraíso, Goiás. A "Casa da Luz" elabora e executa projetos na área de sexualidade e saúde, atuando principalmente com mulheres e adolescentes, promovendo o sexo seguro com a prevenção da Aids, pesquisando e divulgando a preparação para o parto, o aleitamento e a reciclagem das parteiras.

www.gruposummus.com.br

IMPRESSO NA
sumago gráfica editorial ltda
rua itauna, 789   vila maria
02111-031   são paulo   sp
tel e fax 11 **2955 5636**
sumago@sumago.com.br